识干家

企業閱讀　學以致用

U0912389

胜任力模型咨询笔记

世界500强企业的搭建方法

韩文卿◎著

中华工商联合出版社

图书在版编目（CIP）数据

胜任力模型咨询笔记：世界500强企业的搭建方法 / 韩文卿著. — 北京：中华工商联合出版社，2021.10

ISBN 978-7-5158-3105-3

Ⅰ.①胜…　Ⅱ.①韩…　Ⅲ.①企业管理－人力资源管理－研究－世界　Ⅳ.①F279.129

中国版本图书馆CIP数据核字（2021）第184951号

胜任力模型咨询笔记：世界500强企业的搭建方法

作　　者：韩文卿
出 品 人：李　梁
责任编辑：于建廷　效慧辉
装帧设计：仙　境
责任审读：傅德华
责任印制：迈致红
出版发行：中华工商联合出版社有限责任公司
印　　刷：河北宝昌佳彩印刷有限公司
版　　次：2021年11月第1版
印　　次：2021年11月第1次印刷
开　　本：710mm×1000mm　1/16
字　　数：246千字
印　　张：16.5
书　　号：ISBN 978-7-5158-3105-3
定　　价：98.00元

服务热线：010－58301130－0（前台）
销售热线：010－58301132（发行部）
010－58302977（网络部）
010－58302837（馆配部、新媒体部）
010－58302813（团购部）
地址邮编：北京市西城区西环广场A座
19－20层，100044
http：//www.chgslcbs.cn
投稿热线：010－58302907（总编室）
投稿邮箱：1621239583@qq.com

前言

写本书的初衷有三个：

第一，企业胜任力模型变得雷同和臃肿，强调打造有特色的胜任力模型。胜任力模型传入中国已超过 20 年，在这 20 年中虽然形成了一套本土化的胜任力建模方法，但是这套方法逐渐失去了原有的功效。所以，笔者在本书中强调，胜任力需要重视冰山模型下的部分，重视个性、动机、价值观。胜任力在建模中，一定要体现行业、企业和岗位的特点，不是照葫芦画瓢，而是通过调研和访谈，形成自己的胜任力模型。就算是相同行业的企业，在建模时所得到的结果也会有所不同。

第二，启发企业运用胜任力模型。随着企业对组织效能的重视，人才管理会越来越重要，构建人才标准、测评人才能力、发展人才能力，都需要依赖胜任力模型。腾讯在收购 Supercell 后，获得一个重大的启发。Supercell 接第一款游戏的时候，一个人用了一周时间就完成了；接第二款游戏时，同样是这个人，只用了一天时间就完成了。Supercell 的实践对腾讯的主要启发是精兵强将，T 型人才可以以一当十。设定 T 型人才的标准，就是胜任力模型的贡献。

第三，充分呈现胜任力模型的落地性。胜任力的落地性始终为人所诟病。有效地把胜任力模型和人才盘点、人才发展贯通，是业界的一个难点。面试官如果能对胜任力有充分和到位的理解，就会意识到人才的局限性，具备洞察和识人的能力。培训管理者也要重视胜任力模型，如果胜任力选择得当，培训的效果也能事半功倍。

落地性还体现在系统地呈现胜任力建模的方法和语言方面。胜任力模型尽管已经被人们所熟知，但胜任力的方法和语言还远未规范化。本书试图通过条理性、规范化地梳理胜任力模型，帮助读者找到统一的范式，从而有利于理解和探讨胜任力模型。

本书通过列举大量的案例，将人才管理的各个环节打通，从而实现胜任力模型的真正应用。

另外，在多年参与胜任力项目的过程中，笔者有几点咨询的体会和大家分享：

首先，胜任力必须有“鉴别性”。要能够体现绩优者和一般绩效者的差异，这个差异必须是鲜明的。

其次，胜任力要“具象化”，需要案例的支持，这样才有利于推广应用。

最后，学习胜任力的各位读者要努力从“工匠”向“大师”转变，避免在建模时思维僵化，习惯套用既有的方法和技巧，而不能够从新的角度审视胜任力。

在胜任力模型理论如此完善、应用如此广泛的今天，却很少有一本书既适用于入门级“小白”，又适用于资深级“大咖”；既适用于理论学习，又适用于实践研讨。笔者觉得有必要把胜任力的故事完整地呈现出来，让读者能够在比较短的时间内对胜任力有一个全面而深刻的认识。

第一章介绍胜任力的概念和基础；第二章至第六章介绍胜任力建模的具体操作；第七章和第八章介绍胜任力模型的高级技巧；第九章至第十一章从人才测评、人才盘点、人才发展三个角度介绍胜任力的应用，其中穿插笔者在咨询过程中实际服务的大量案例总结。

目录

CONTENTS

第四章　标准建模第二步：信息收集

第五章　标准建模第三步：模型设计

第六章　标准建模第四步：成果输出

第七章 谈谈胜任力大数据

第八章 胜任力高阶技巧分享

第九章 胜任力在人才选拔中的应用

第十章 胜任力和人才盘点

第一章
为什么要做胜任力模型

第一节　什么是胜任力

一、胜任力和冰山模型

胜任力到底是什么？比较经典的是 Spencer 夫妇在《*Competence at work*》一书中写到了胜任力的冰山模型，由浅入深依次是技巧、知识、自我概念、特质和动机。

· 技巧：执行有形或无形任务的能力。比如卖油翁灌油靠的就是技巧。

· 知识：一个人在特定领域的专业知识，知识掌握的程度是可以通过测验测量的。

以上两部分位于冰山上部，也就是看得见的部分，这部分是比较容易发展的，也是有规律可循的。

冰山下部有自我概念、特质、动机，这部分不容易发展。目前大多数相关文献对比仍然是进行探索性研究。

· 自我概念：一个人的态度、价值及自我印象。

· 特质：身体的特性，以及对情境或信息的持续反应。

· 动机：一个人对某种事物持续渴望，进而付诸行动的念头。

大家对胜任力冰山模型上的技能和知识比较了解，对冰山模型下的部分就不太清楚，比如为何是自我概念、特质和动机的排序，而不是相反。接下来比较动机和自我概念中的价值观，讲讲为什么动机位于价值观的下面。

价值观和动机都能够影响人的行为，但是影响的方式不同。价值观和人们选择在特定方向投入的精力有关。打个比方，各位或许看到过 DISC 的报告，中间有根线，通常称为能量线。在能量线之上的维度，投入的能量较大，反之则较少。在价值观方面的投入也是如此，而动机则反映了人们从特定行动中能够获取多少乐趣，比如麦克利兰提出的成就动机理论。

简单地讲，动机不受环境的影响，是主动的、持续的；而价值观容易受环境的影响，是隐藏的、相对短期的。举个例子，具有强烈成就动机的工作者会始终勤奋工作，无论遇到多大的困难，都会努力克服挑战。而具有强烈成就价值观的工作者，一般情况下不会表现得特别努力，只有在要求证实他们的工作能力时才会勤奋工作。

所以，如果仔细看冰山模型，就会发现动机是在冰山底层的。某种强烈的动机可以改变自己的特质表现。注意，不是说改变特质，而是改变特质表现，特质是很难改变的。比如，我本来是一个羞怯消极的人，但是因为某种强烈的动机，必须在某种情境下显得开放和主动，所以我会改变自己的行为，这也是教练辅导的效果。

任何人的逆袭，除了极好的运气外，背后一定是主人公强烈的动机。大家或许看过一部影片——《风雨哈佛路》(《Homeless to Harvard》)。影片介绍的是一个女孩出生在美国的贫民窟。母亲酗酒吸毒并患有精神分裂，最终死于艾滋病。父亲进了收容所。女孩在无家可归的情况下，在班中考取第一名，并获得《纽约时报》奖学金上哈佛大学的传奇故事。其中，驱使女主角不断进取的动力，就是她觉得自己必须摆脱目前的环境，并始终抱有这个信念。

通过这部影片，我们就会理解动机和价值观的差异。动机是通过下意识推动的，人们可能不知道他们在做什么，但是他们知道目标，会通过不断调整自己的行为来实现目标。而价值观属于意识范畴，会通过告诉人们各种事物的价值，来帮助人们清楚地知道做什么。换句话说，价值观会给人们一把尺子，帮助人们判断和评估；而动机会给人们一种动力，促使人们达成目标。

探究两者的来源。动机来自人们自身深刻的情感经历，难以通过外界的教化来给予。所谓的“赋能”，赋予能力是可能的，赋予动机是困难的。而价值观是可以通过社会教育和教化来改变的，这是人们从小接受爱国教育的原因。作为 HR，在筛选潜力对象时，首先考虑的是如何筛选有强烈成就动机的人。当然有一系列测评工具可以筛选人的动机，但是最直接有效的方法，还是看这个人的背景。某知名水泥制造公司在遴选大学生时，关注的是学生是否来自农村。

再进一步说，基于胜任力冰山模型的上下位置，动机是可以影响价值观的。拥有强烈成就动机的人们，也是拥有强烈成就价值观的人们；拥有强烈亲和动机的人们，也是拥有强烈和谐价值观的人们。而共同价值观的形成，铸就了企业文化。

二、胜任力和任职资格的区分

说到胜任力模型，必须谈任职资格，两者就像双胞胎一样，不可分开。如果搞清楚什么是任职资格，就会搞清楚什么是胜任力。

1998 年，华为开始在英国专家的帮助下建立任职资格管理体系。经过五年持续不断的投入和努力，取得了成功。公司培养出一批又一批优秀的人才，提高了公司员工的整体职业化水平，形成了公司内部人才持续发展的良性机制。如果说华为的人力资源管理体系有别于国内其他企业，或者说有特色的地方，主要体现在两个方面：一是全员持股；二是任职资格体系。华为的任职资格体系参考的是 NVQ（英国国家职业资格），是英国颁发职业资格证书的一种考核制度。

据前合益的咨询顾问分析，华为的任职资格还是偏胜任力的。任职资格标准从大的范畴上讲，包括胜任力、工作行为、知识技能，具体在应用中则会出现工作行为 + 知识技能，或是胜任力 + 工作行为等组合。

因此，如果问胜任力和任职资格的异同，那么可以说任职资格是包含胜任力的。

反过来说，既然任职资格包含胜任力，那么是不是企业都应该用任职资格呢？笔者不这么认为。

第一，任职资格在本质上是一项考核制度，它只注重结果，不注重过程，因此任职资格不注重“潜能”“潜质”指标。尽管任职资格也有胜任力，但因为胜任力只是其中一部分，不会过分强调胜任力。

第二，任职资格脱胎于NVQ，很少根据企业的实际情况做定制化，因此和企业的战略会有脱节。

综上所述，胜任力模型与任职资格的区别主要是：

· 胜任力模型强调符合企业战略的实际需要。

· 胜任力模型强调“冰山下”，强调价值观、动机等，这同任职资格标准的范畴有较大区别。

国内有些企业，在建模时反倒强调“冰山上”的部分，美其名曰胜任力模型既包括“冰山上”，也包括“冰山下”。其实这种观点有误，不能因为实际需要或是习惯性的操作就调整胜任力的内涵。

胜任力和任职资格的区别，如表1-1所示。

表1-1　胜任力和任职资格的区别

区别	任职资格	胜任力
侧重点	关注知识技能，能通过后天学习获得	关注冰山模型下的深层次特征
特点	门槛性要求	选拔性要求
对象	全体员工	中高层管理
人员选拔	岗位胜任能力	岗位胜任潜力
考核方法	案例说明、现场评审、考试等	线上测评、行为面试
绩效评估	职位的功能和贡献	绩效、成果、潜能、行为

笔者做了一个人才发展项目，这家企业是某知名国企的下属子公司。其业务类型包含多个模块。这个项目包括建模、测评和人才发展。在前期建模阶段完成后，测评阶段中按照前期构建的模型做了访谈。然而，在访谈过程中，发现用构建的胜任力模型很难对专业人才进行评价。原因是模型中的内容都是类似结果导向、团队凝聚、沟通协调的胜任力，缺乏对专业人才的知识和技能的评估。

· 譬如笔者在和一位做设备管理的员工聊天时，就很难界定他在给排水、强弱电维护方面的能力有多强。

· 譬如笔者在和一位招商的员工聊天时，就很难确认他对商家的运营模式的理解有多深，海底捞、西贝的运营和坪效是完全不同的。

· 譬如笔者和一位做商业策划的员工聊天，就很难确认他的策划效果怎么样，会员积分制的积分率有没有竞争力。

如果用任职资格，就便于对他们进行评价。

在用胜任力模型进行评价的时候，有两个无助的点。

第一，很难就专业层面进行评价。

第二，很难同时对不同业务的员工做比较。

胜任力模型的应用是有限的。**胜任力模型由于其偏重管理、中高层的特点，很难就专业的知识和技能做清晰的描述**。也有企业试图对胜任力模型做“改变”，把知识和技能放到胜任力中，但如此就有点不伦不类了。到底是在做任职资格，还是在做胜任力模型呢？

那么，什么情况下用任职资格，什么情况下用胜任力呢？

· 面对专业性强的部门或条线，推荐用任职资格的方式进行评价。任职资格的评价方式比较全面，包含胜任力、知识技能和学历经验。

· 越是基层员工，对知识技能和学历经验的考核比例越大。譬如中基层，胜任力同知识技能、学历经验的考核比例可以是 3 ∶ 7 甚至 2 ∶ 8，而高层，两者的考核比例可以倒过来。在人才发展阶段，中基层也应该侧重对知识技能的培养，具体内容在本书第十一章会进一步叙述。

关于第二个问题，多业务模块的中基层员工如何比较。笔者的答案是，很难比较。所谓的比较也仅仅是基于胜任力维度，而非“知识和技能”维度。这个时候仅可以比较人员的潜力。所以，在涉及中基层员工盘点时，倾向通过多个维度进行盘点，比如学历、绩效、技能。

胜任力模型的优点是明显的——基于未来、基于心理学，缺点也是明显的——无法比较专业的知识和技能。是否采用胜任力模型需要企业根据自己的需要来决定。

进一步说，是否采用胜任力模型取决于公司高层的人才观。有一家互联网公司的老板非常在意对人才的培养，即使在没有胜任力模型的情形下，仍然强调候选人的个性、动机和价值观，以及学习能力。但是后来经过笔者和一位副总的引导，认为对于客服和操作等流动性大的岗位无须在意胜任力，只需关心工作所需的技能就可以了，最后成功地说服了这位老板。

综上所述，通过对胜任力模型的应用，可以看到胜任力模型本身的优点和缺点。胜任力模型更适用高潜和中高层管理人员。

三、胜任力和潜力的区分

笔者认为，胜任力有人岗匹配的味道，不同的岗位、层级会有不同的胜任力相对应。但是潜力不同，潜力有一种“胜任力中的胜任力”的感觉。如果潜力大，从长远看，人才会有较长远的发展和较高的绩效。当然，对这一点也有争议。比如 Corporate Leadership Council（美国企业领导力协会）曾经有一个研究，说高绩效人群中只有不超过 30% 是 HIPO。这样的话，潜力的作用到底在哪里，会不会“潜而不发”？

有些咨询公司偏好把胜任力和潜力放在一个九宫格里进行比较。但是，如果回过头看胜任力的定义，会发现两者的比较是不科学的，很容易混淆。列举一下专家对胜任力的定义：

· 曾经写过“才能评鉴法”的 Spencer 说，胜任力是与有效的或出色的工作绩效相关的个人潜在特征，包括五个层面——知识、技能、自我概念、特质和动机。

· 发明洋葱模型的 Boyatzis 说，胜任力是一个人所拥有的导致在一个工作岗位上取得出色业绩的潜在的特征（可能是动机、特质、技能、自我形象、社会角色或他所使用的知识实体等）。

· 浙江大学教授王重鸣说，胜任力是导致高绩效的能力、态度、知识、技能及动机、价值观、个性等特质。

从这些定义可以看出，胜任力有两个特征：

· 本身就是指比较深的心理特质，包括个性、动机、价值观。

· 同高绩效有关。

再来看大厂对潜力的定义：

· 光辉国际：有 7 大维度 21 个指标，分为动机、经验、学习敏锐度、领导特质等。

· 励矜：学习敏锐度，有 7 大维度，包括人际敏锐、驱动卓越等。

· 美世：潜力包括个性特质 + 倾向性，个性特质包括智力和人格，倾向性包括动机、兴趣、观念和价值观。

如果说胜任力包括个性、动机、价值观，那么潜力是不是包括这些呢？从以上定义看，显然是有重合的。从美世的观点看，胜任力 = 经历 + 潜力，显然胜任力和潜力的关系是密切的。

还有一种观点认为，智力可以在某种程度上代表潜力。这种观点比较有市场，例如风里老师认为，智商比情商能更好地预测管理者的绩效。

总而言之，因为“潜力”的定义比较含糊，同时又较难给出一个有效的指标来进行测量，所以有种“空谈”的感觉。笔者认为，胜任力约等于潜力。

最后，做以下思考：

· 如果一个人的胜任力很高，潜力很低，你会聘用吗？

· 如果一个人的胜任力很低，潜力很高，你会聘用吗？

这反映了不同的价值观，注重即战力的一定是选择前者，注重长远发展的或许会选择后者。从人才盘点的角度看，指标越精干越好。笔者曾经强调过，最经典的九宫图的二维指标是绩效和胜任力，而不是绩效和潜力、潜力和胜任力之类。从原则上讲，二维指标有 C（n,2）种选择，但是对于管理者而言，并不需要这么多的选择，他只需要有效的、有鉴别力的选择。

因此，“潜力”这种概念更适合放在字面上进行单独评价，而不是把它拿出来和胜任力做比较。

第二节 胜任力对人力资源的价值

在人力资源的发展过程中，胜任力确实有自己的价值，但是也有不少人质疑胜任力。有人认为，胜任力主要是宣传价值，实用价值不高、落地性差，要通过胜任力来完成人才的甄选和发展比较有难度。笔者在做项目的时候，遇到的一位 HRVP 也质疑胜任力，他知道不少公司在做胜任力，但是落地的效果普遍不好。这些都是胜任力在整个发展过程中遇到的挑战和质疑。

结合胜任力的定义，之所以有人认为胜任力对于人才培养的用途有限，是因为他觉得要改变动机、个性和价值观非常难。

如果把胜任力用在招聘甄选中，它的用途更加广泛，效果也更好。在选高潜人才、干部的时候，寻找相应的人才标准就显得格外重要。当然，这要求在落地时匹配比较好的测评工具。

此外，胜任力对于企业文化的倡导也是有效的。

2018—2020 年，人力资源领域最热的一个词是组织发展 OD。组织发展起源于勒温的群体动力学，这和企业文化有密切的关联。在实践中，不少企业一方面在做组织结构、绩效薪酬的调整；另一方面也涉及企业文化的再造。

笔者认为，从 OD 来讲，人力资源可以分为两大块：组织和人。而过往关注的是组织，也就是组织结构、绩效薪酬，但是现在越来越多的企业开始关注人，笔者认为这是“回归人力资源的本源”。笔者认为的人力资源模块划分如图 1-1 所示。

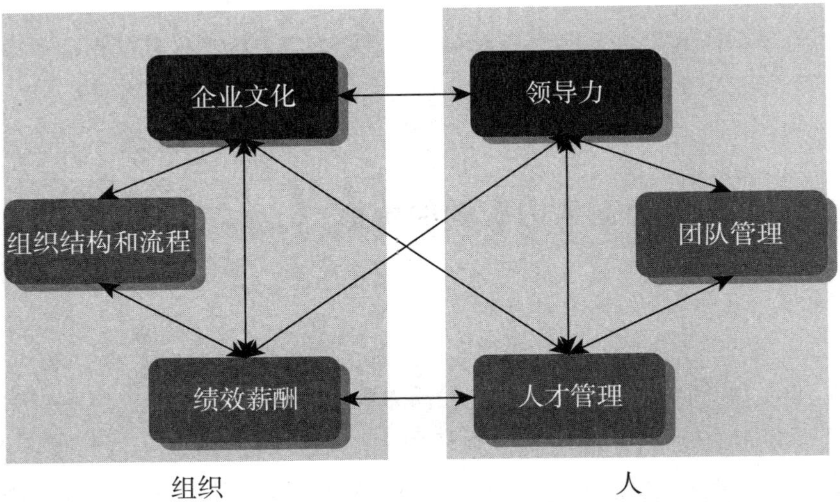

图 1–1　人力资源的模块划分

开发人的价值，是晏阳初老先生倡导的。晏阳初老先生在培养人方面着力颇多，而胜任力起到的作用也是异曲同工，都是通过明确人才标准，从而进一步培养人才和发展人的作用。在“人”这一侧的模块中（见图 1–1），如“人才管理”“团队管理”“领导力”都和胜任力有密切的关系。

胜任力和人力资源模块中“人”相关的模块关联较深，和“组织”相关的模块关系较浅。胜任力擅长的是“人才招聘与选拔”“人才培养与发展”，和绩效薪酬、组织结构的关系较弱。

不能过分地强调胜任力的作用，应该把**胜任力集中应用于人才管理和干部管理方面。**

以往做项目时，会计算胜任力和绩效的相关性。基于这样的认知：是不是胜任力和绩效的相关性越高，越可以凸显胜任力的重要性。笔者并不这么认为，因为这样不能体现胜任力的独特性。如果绩效可以取代胜任力，要绩效就可以了。正如高潜人才中，通常高绩效的员工不多。胜任力也是一样，它是一个独立的维度，不能依赖绩效而存在。所以，笔者建议，如果一定要测胜任力和绩效相关性，参考值在 0.3~0.5，不用刻意往高走。

在本书第二章简便的敏捷建模中，会介绍胜任力卡片，其中有一张胜任力卡片叫“商业洞察”。商业洞察的内核到底是什么？定义是什么？行为怎么体现？这些在胜任力卡片中都会体现出来。一方面可以通过胜任力卡片匹配人才；另一方面可以宣传企业文化。企业文化是由内涵和外延组成的。从外延来讲，它体现在企业的规章制度、企业的海报、员工手册上，等等。所以，胜任力有不少可以落地的方式。

胜任力之所以落地难，部分是因为不少建模项目是由外部咨询公司主导的，这也导致 HR 对胜任力的理解比较肤浅。从 HR 三支柱角度出发，目前 HR 正从职能型转向业务型人力资源管理，需要提升对胜任力的理解，从而掌握建模的技巧。所以，各位读者需要提升自己的认知水平，多看一些有关心理学、管理学、组织行为学的书。在这方面，笔者赞同章森老师的话，HR 要多看有关组织行为学的书。胜任力的提出者麦克利兰教授主修的是心理学和哲学，没有心理学的基础怎么理解教授的概念。在本书第八章会提到“授人以渔”的方法。

第三节　胜任力助力战略和企业文化

胜任力的核心输入来源是战略和企业文化。

公司规划的逻辑一般是先有使命愿景，其次是业务规划（战略），最后是组织规划、人事管理。使命愿景、业务规划、组织规划，是一个企业的顶层设计，三者之间彼此关联。

胜任力是实现组织规划的重要牵引，把组织策略和职位联系起来。胜任力也是业务规划落地的重要保证，为实现业务模式提供人员能力的保障。

一、三类战略

我们先要了解什么是战略。战略就是企业选择，进一步讲，战略是“企业不做什么事”。

对于战略而言，有两点是重要的：

一是战略的目标性，就是战略的指向是否清晰。有些企业的工作报告中常常出现提收入、降费用、增效能、强管控、稳生产，什么都提到了，但是重点不突出。

二是战略的可执行性。为公司制定独特的发展战略是一件很困难的事情，如果该战略与业内其他公司的战略截然不同，那么它或许具有很大的风险性。原因是：各个行业都是由一定的经济模式、具体的客户期盼及短期内不可能发生改变的竞争结构所界定和限制的。更困难的是：如果你已经制定了这样的战略，也很难恰当地执行它。所以，更强调战略的可执行性，而不是独特性。

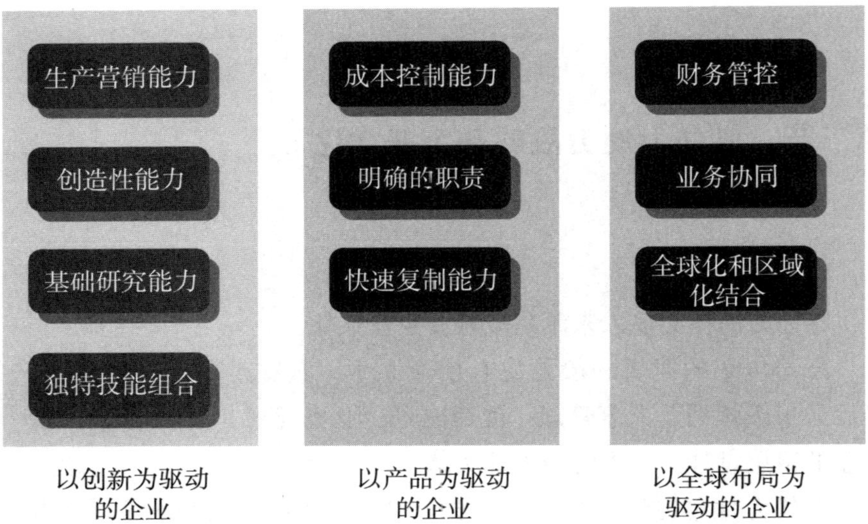

图 1-2　不同企业的战略和组织能力要求

有些行业，战略本身并不是难点，难的是执行准确、到位，就像日本企业中常用的词语“彻底”。带领日本队走入世界杯16强的冈田武史教练就认为，足球比赛中设计战术不难，难的是执行。高效的战略执行并不仅仅是做正确的事，还必须比竞争对手更快、更有效地做正确的事。这是一项艰巨的任务，它要求员工能够超越普通的公司——雇员关系，具有一种超常的献身精神。

有关企业战略的书很多，其中尤以迈克尔·波特的著作比较有名，他把战略归纳为三类。笔者在本书中也把战略分为三类，但略有不同。

第一类是业务创新，快速迭代，常见于依赖脑力的行业，如互联网、设计、咨询业。

第二类是抢占市场，快速发展，常见于依赖资源的行业，如房地产、电子制造业。

第三类是注重全球化、风险管控的企业，常见于集团型企业，以集团控股为主，下设不同行业的子公司。

二、不同类型的战略对应的胜任力

第一类战略，常见于以创新为驱动的企业，主要包括腾讯、海康威视、大疆等高科技和互联网企业，需要的组织能力是：

· 强大的生产营销能力。

· 创造性能力。

· 基础研究能力。

· 独特技能组合。

进一步落实到关键岗位胜任力：

· 创新能力：思维非常开放，考虑问题常常独辟蹊径，较为灵活。

· 前瞻性：对企业战略有清晰的认识，始终着眼于企业未来的发展。

· 协作能力：积极主动地协调各部门的资源，善于借助各方的力量。

· 专业能力：技术方面的经验丰富，依靠多年的行业从业经验，在实践中积累了大量宝贵的经验。

第二类战略，常见于以产品为驱动的企业，主要包括美的、海尔、海螺集团等制造型企业，需要的组织能力是：

· 成本控制能力。

· 明确的职责。

· 快速复制能力。

进一步落实到关键岗位胜任力：

· 执行力：持续推动任务和施加压力，确保任务目标的达成。

· 组织凝聚力：善于调动员工的积极性，提升员工的参与度，将企业的目标与员工的工作联系起来。

· 运营能力：善于从管理的角度为公司节约成本和提升公司的管理效益。

· 细节管控：关注工作流程与细节，具有较强的风险意识。

第三类战略，常见于以全球布局为驱动的企业，主要包括复星、联想、福耀等跨国企业，需要的组织能力是：

· 财务管控。

· 业务协同。

· 全球化和区域化结合。

进一步落实到关键岗位胜任力：

· 风险管控：有比较强的风险意识，能够充分考虑各项方案有可能带来的风险。

· 横向协作：采取灵活多样的方式与其他部门协作，同时充分考虑公司的关键目标，明确方向。

· 资源整合：能够利用公司平台上既有的资源及过往成功的经验，快速转换为符合项目需要的行动方案。

三、案例：实践中战略如何对应胜任力

上面三种组合都是典型的战略—组织能力—胜任力的演绎，但是实践中企业的战略演绎不会这么典型，可能是介于三者之间。

举个例子：×× 知名家电企业以创新定调中国市场的发展战略，在产品和技术研发、市场扩张等方面将以更贴近中国实情的姿态，勾画出更清晰的行业未来。由此确定的战略重点是：

第一，深度耕耘营销网络，加强与分销商的联络、沟通，把销售网络覆盖到二三级城市。

第二，由于中国经济正在持续增长，国内消费者的消费水平和理念也在逐步上升，家电应用高档化的现象很明显，××会将更多先进的理念、技术、产品带入中国。

由此演绎出的组织能力是：

· 创新能力：研发更贴近中国消费市场需求的创新产品和技术。

· 营销能力：重点城市的深度营销和向二三级城市扩张渗透。

· 质量控制：在快速制造的同时，有效降低次品率。

关键胜任力是：创新能力、市场敏锐能力、运营能力。

这是从宏观层面进行分析。在微观层面，由于这种分类略显粗糙，企业会通过平衡计分卡、价值链分析、核心流程分析、高管访谈等方式构建自己的关键组织能力。

常见的平衡计分卡包括财务、客户、内部运营、学习和成长四个维度。以下是某公司的平衡计分卡概述：

· 财务：确保销量目标，增加新的收入来源。

· 客户：提升企业品牌，提供差异化服务。

· 内部运营：加强潜在客户开发和管理，设计开发新产品，完善客户管理。

· 学习和成长：注重企业文化建设，提升跨部门协调。

通过和现在公司的组织能力的对比，发现客户全周期管理、新产品设计开发是组织能力的弱项，需要针对性突破，可以进一步细分为胜任力。

· 客户全周期管理，在胜任力方面可以细分为客户管理、客户细分能力。

· 新产品设计开发，在胜任力方面可以细分为创新能力、设计思维。

所以，平衡计分卡是一种比较好的由战略到组织能力的演绎方式，在本书后面的章节中还会进一步深入讲解。

四、胜任力与企业文化

如果说战略给了胜任力方向，那么企业文化就给了胜任力灵魂。

企业文化主要可以分为三层：

· 信念层：主要代表管理层及主要管理者的意识和价值观。

· 制度层：主要代表企业倡导理念在制度中的具体体现。

· 标识层：主要代表倡导理念在各种仪式和宣传中的体现。

企业文化是由以上因素构成的，构成比例为 7 ： 2 ： 1。

对于胜任力来说，主要影响两个层面：

一是信念层，企业管理者的价值观。

二是标识层，胜任力在企业中的宣导，例如胜任力模型上墙。通过了解、掌握和领悟企业文化，从而提炼出相关联的胜任力。结合胜任力去做管理者的干部管理，从而塑造一支同企业文化高度融合的领导队伍。

曾有朋友问笔者："企业价值观和胜任力有什么关系?"笔者回答："胜任力就是价值观的呈现和落地。"

企业文化在胜任力中体现的方式在于：一方面可以通过胜任力匹配人才；另一方面胜任力可以宣传企业文化。

比如某房地产企业，他的胜任力模型中有一条叫"铁人精神"，就和这家企业的企业文化有密不可分的关系。这个胜任力项可以叫"坚韧不拔"或者"坚持不懈"。同样的意思，为何要用"铁人精神"。原因在于这家企业强调军事化管理，通过严格的管理手段和高度自律克服困难和障碍，这就对"坚韧不拔""坚持不懈"的意义进行了升华。

实际上，企业文化对胜任力模型的影响是非常大的。笔者曾经做过统计，在同一个层级中，同行业企业的胜任力模型的相似度高达 60%~70%。那么不同的 30%~40% 是什么，这个问题大家可以思考下。

要结合企业的战略和文化来构建胜任力模型，不能人云亦云，也不能特意追求别具一格。

企业胜任力和价值观的对应关系，如表 1–2 所示。

表 1-2　胜任力和价值观的对应关系

胜任力	诚信	质量	奋斗	执行	协作	人本
开放主动						
结果导向						
横向协作						
风险意识						
创新变革						
事业激情						
成本运营						
正直诚信						
信任包容						
细节管控						

表中 10 项胜任力中，有 8 项胜任力和价值观有对应关系，所以企业文化对胜任力有很大的影响。

企业文化可以影响胜任力，胜任力也可以影响企业文化和战略，特别是一些高层管理者的胜任力。

撰写《谁说大象不能跳舞》的郭士纳，是一位极具果断决策和创新导向的 CEO，正是在他的领导下，IBM 开始了从以硬件为主导向软件为主的服务转型，战略上的转变只是表象，更深刻的是他开始大刀阔斧地变革企业文化。

在他刚到 IBM 时，IBM 是一个内部山头林立、制度体系极为繁杂的“丛林”，他做的就是统合整个公司的管理系统和规则——“我们将 155 个数据中心削减为 16 个，还将 31 个固定的内部交流网络削减为 1 个”。同时，真正关注客户，把 IBM 转变为一家以市场为驱动力的公司，而不是一家关注内部的、以流程为驱动力的企业。因为郭士纳发现，公司是一个二元结构，内部的研究机构并不关心真正的客户需求，自作主张地做一些他们认为能做或者想做的业务。由此，郭士纳开始强调客户和市场竞争，希望公司的员工能够关注客户和市场，而不是关注公司内部的职位。

所以，郭士纳是真正把个人胜任力转化为组织胜任力，从而影响企业战略和企业文化的领导者。

第二章
简便的敏捷建模

第一节　越来越多的企业选择轻建模

当今时代什么都可以敏捷，譬如“敏捷绩效”“敏捷学习地图”，还有“敏捷建模”，也就是“卡片建模”。敏捷到底是什么意思呢？它可以被理解为 agile，意为灵活的、机敏的。在中国，敏捷可以被理解为“速成版”，譬如学习地图，原来需要几个月才能完成输出，现在敏捷版本仅仅一周就能输出几十个岗位。而建模则是原来需要做好几个月、访谈几十个人；现在的敏捷版本，一群人讨论半天加上若干资料，就能在一两周内输出。

一、传统建模 VS 敏捷建模

“敏捷”在中国有独特的市场，在笔者看来，建模本来是不需要投入那么大的。

现在，越来越多的企业采用“轻建模”，或者用敏捷建模。这让人想起南橘北枳的故事，国外的建模到了中国，方式发生了变化。笔者认为，这和中国市场的快速发展有关。中国不少企业的成功原本是不需要人才的，需要的是商业模式。人才管理、胜任力是在企业不得不拼精细运营、人才管理的前提下才诞生的话题。由于敏捷建模的一些优点，国内企业更乐于试水这种模式。传统建模 VS 敏捷建模如图 2-1 所示。

胜任力建模总体上分为敏捷建模和标准建模两大方法。两者之间主要的分界线在于是否有大量的访谈，至于是不是开战略演绎研讨会、是不是用到胜任力卡片并不是关键。通常而言，笔者认为访谈的工作量是决定建模“重”和“轻”的主要因素。

敏捷建模的优点在于：投入较少，适合中小型企业，流程简单。用建模工作坊，一般在一周内可以完成 2 个岗位的建模，省时又省力。

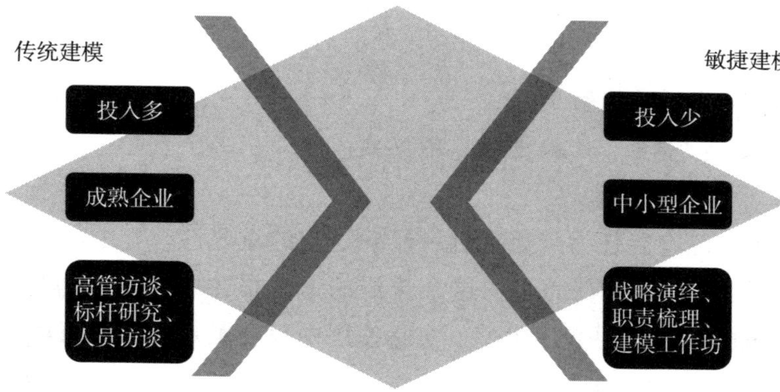

图 2-1　传统建模 vs 敏捷建模

二、敏捷建模的流派

每个咨询公司都有自己的敏捷建模产品，就产品而言，可以分为三个流派：

流派 1：胜任力卡——行为卡系列，也就是一张胜任力卡片包括若干张行为卡。举例来说：

胜任力卡：凝聚团队。

行为卡 1：建立信任——有效地通过正式或非正式的网络，广泛地与团队成员建立信任。

行为卡 2：团队协作——在任务和资源的分配上，从企业的全局利益出发与团队成员达成共识。

行为卡 3：协调沟通——根据不同对象，灵活运用适当的方式，清晰、简洁地阐述并使对方接受自己的观点。

使用时，需要先找到胜任力卡，再进一步确定行为卡。

流派 2：胜任力卡——等级卡系列，也就是胜任力卡片对应描述重要性的卡片，等级卡中可以分为重要、比较重要、不重要三个等级。在敏捷建模过程中，可以作为胜任力分类的依据。举例来说：

胜任力卡：沟通协调。

等级卡：重要、比较重要、不重要。

使用时确定胜任力卡后，进一步确定它的重要性。

流派 3：只有胜任力卡。这个流派的卡片描述中包括行为特征，所以是操作比较简单的卡片建模，实际使用中只要确定卡片就可以了。

当然，在实际操作中，不同流派又有变化，比如流派 1 和流派 2 可能混合起来，既有行为卡也有等级卡。流派 2 中的等级卡会变成对胜任力的评价卡，也就是分为初级、中级、高级三类。评价卡的目的，是确认目前团队中人员达到的等级。

笔者曾经对比多家咨询公司的胜任力卡片，发现以下几个特点：

第一，胜任力卡片千篇一律，缺乏特色。这印证了卡片建模尽管敏捷，但只能是容易上手的工具，缺乏深度定制，更无法反映企业文化。比如缺少体现家文化的卡片，缺少体现力出一孔的卡片。

第二，缺乏符合社会潮流的胜任力项，例如工匠精神、互联网思维等。胜任力项的名词是可以有中国特色的，例如人才培养可以是授人以渔，创新突破也可以是迭代更新。中国汉字文化博大精深，有多种组合，单用过去的词汇不可能完全呈现词汇的含义，是否可能出现同种卡片多种词汇呢？比如同样表达任务导向，卡片上同时有以终为始、使命必达的胜任力项，以供选择。

第三，卡片只是停留在人才标准的阶段，没有打通“测 + 培”。可否在卡片上标明胜任力的可培养难度和适宜的培养方式，这是项目中经常犯的错误，导致胜任力项目的落地性很差。

尽管说了敏捷建模的一大堆缺点，但由于其具有便捷性、低成本的优点，仍然受到众多客户的欢迎，尤其在客户对胜任力的认知水平良莠不齐的情况下，接受敏捷建模的可能性很高。因此在卡片数量有限的情况下，如何优化卡片建模，增加组合并打通发展端，是人力资源工作者需要思考的问题。

第二节　敏捷建模的主要流程和关键点

敏捷建模的流程可以分解为工作坊前准备、工作坊、完善和应用四个阶段，本节主要介绍前两个阶段，如图 2–2 所示。

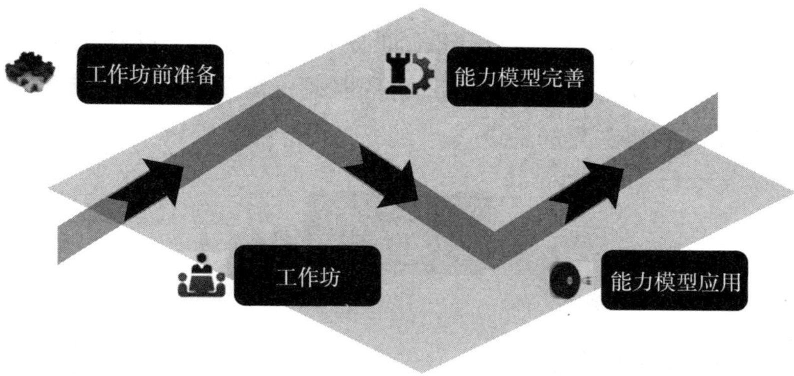

图 2–2　敏捷建模流程

一、工作坊前准备

在准备阶段，最重要的工作是建模意义的宣贯。在建模项目中，笔者发现业务人员对于建模的认识往往是肤浅的，甚至不清楚其意义，导致参与意识不高。所以，HR 需要在事前向所有参加人员分享整个项目的意义、流程、价值。宣贯的方法多种多样，可以采用开会、发邮件、海报、公众号等方式进行宣传。无论采用哪一种形式，一定要切忌随入

"形式"的陷阱，避免为了传达而传达，学会用活灵活现的方式说明建模的意义。

选择合适的参加人员，参加人员必须是高绩效职员，或者是经验丰富的职员。如果不是对本职位有深刻认识的员工，很难对敏捷建模做出贡献。

准备阶段还包括一些相关的行政工作，比如安排会议室、及时通知参与对象等。

二、工作坊阶段：宣贯和介绍

工作坊阶段总体而言可以分为两个阶段：第一阶段是宣贯和介绍；第二阶段是发散和整合。

工作坊可以理解为搭台子，由甲方来唱戏。所以，主持人就好像导演，要让小团队气氛热烈、队员参与度高。

介绍胜任力的时候，对于理论部分要尽量简单。胜任力模型的价值，如图 2–3 所示。大家在实际宣讲的时候，需要着重突出胜任力和企业选才育才、战略文化的关联。

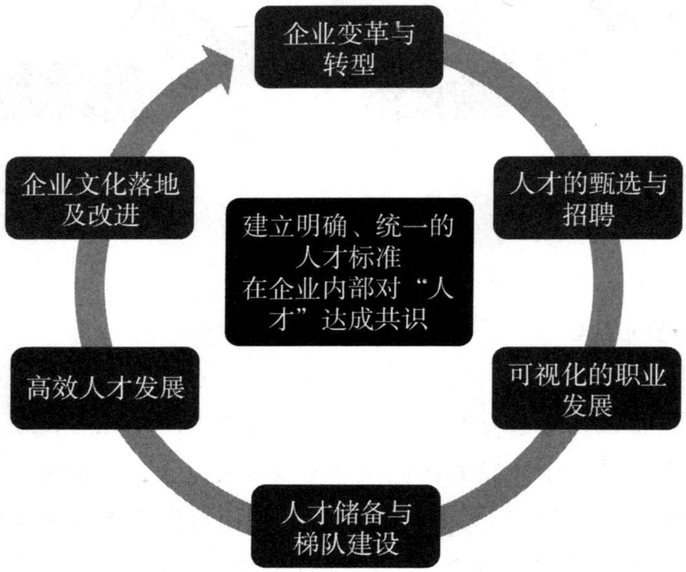

图 2–3 胜任力模型的价值

胜任力和战略文化的关联，要重点突出“领导讲话”，也就是领导交代的话。高层往往通过第三方公司或者 HR，传递正向的信念和紧迫感。

作为第三方，如何传导高层的意志，是一个非常重要的任务。主持人需要有一种意识——我就是高层的代言人。除了推动项目的执行，更重要的是传递信念、动力和价值。

企业在建模时通常会处于以下几个阶段：

· 企业处于快速发展中，但组织能力不足以应对市场份额持续提升的挑战。经理层大多是新上任，需要时间来锤炼能力。

· 企业处于快速发展中，但部门之间的沟通协作力度较弱，在品牌、预算、执行各层面难以形成合力。

· 企业处于稳健发展中，在当地的市场份额领先。但是人员心态不积极，缺乏昂扬的斗志，需要激发积极性、激活团队。

· 企业处于转型变革中，旧团队已经很难胜任新形势和新挑战，需要提拔潜力人员或引入新援。

在建模时，需要针对不同的情况做不同的“主题演讲”。首先阐明战略，说明总经理或董事长对项目的期待，手握尚方宝剑，心中不慌。然后，引出重点，列举案例来佐证观点。

这个重点根据企业所处的阶段有所不同，阐述重点分别为：

· 自我认知。

· 跨部门沟通。

· 追求卓越。

· 创新变革和挖掘潜力人员。

这些重点分别对应上面的企业阶段。

根据笔者的经验，大多数企业在建模时基本上都处于上述四个阶段。只不过彼此可能有交叉，比如快速发展 + 转型变革。

在引导重点问题时，一方面要清楚阐述公司的现状、战略；另一方面要把战略和可能涉及的重点问题相挂钩。

这是宣贯的部分，然后介绍卡片建模。卡片建模一般包括优劣势介绍、流程介绍。

流程介绍的主要目的是让参加者了解整个步骤，也就是从团队列名法到最后的内容融合。主要说明几点：

- 参与者要在 × × 纸上写明自己认同的胜任力。
- 参与者需要轮流发言，并说明自己选择的理由，最好举例说明。
- 参与者需要集体讨论，最后得出认同的胜任力。

卡片介绍：由于有不同的卡片类型，每种卡片的侧重点可能有所不同。其中的共同点是，卡片上条目的含义，譬如经常出现的定义、行为项，甚至扩展的发展难度、学习方法。

然后，介绍如何选择卡片。针对卡片数量比较多的胜任力卡片，主持人需要给出具体的建议，让受测者根据不同的层级，参考不同类型的卡片。譬如同中高层相关的领导力建模，要让参与者更多地参考战略、文化和管理类的胜任力项。

有人会质疑，在头脑风暴中，主持人不应该设限。关于这个问题，笔者有两点要讲：

第一，卡片建模本身时间不长，尽量充分运用时间，缩短因为熟悉卡片而消耗的时间。

第二，作为主持人，对于卡片的应用只是建议，最后由参与者决策。

三、工作坊的具体操作：发散和整合

建模工作坊的流程，如图 2–4 所示。

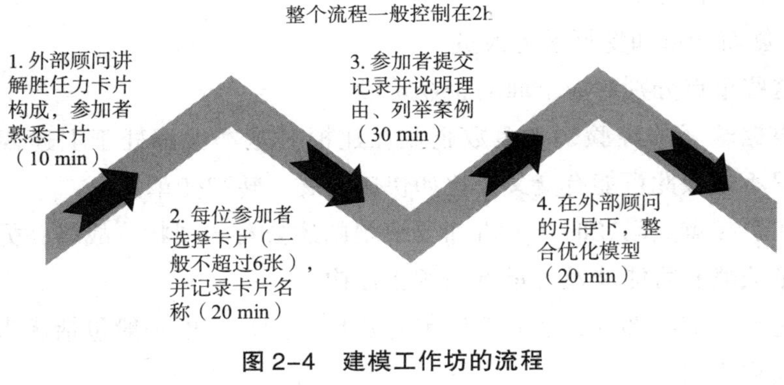

图 2–4 建模工作坊的流程

- 外部顾问讲解胜任力卡片构成，参加者熟悉卡片。

· 每位参加者选择卡片（一般不超过 6 张），并记录卡片名称。

· 参加者提交记录并说明理由、列举案例。

· 在外部顾问的引导下，整合优化模型。

本书重点讲解第三步和第四步中涉及的引导，引导是一个复杂的话题。引导按照针对对象的不同，可以分为针对个人和群体两种，这里主要指后者。OD 创始人勒温有一个公式：

B=f（P,E）

B= 行为，P= 个人特质，E= 环境

这个公式讲的是人的行为受到个人特质和所处环境的影响。这个公式同样适用于引导。由于人无法控制个人特质，那么能做的就是营造良好的氛围。

在营造氛围时，一方面要鼓励每位参与者；另一方面要传递积极正向的信念。参与者在提交记录时，有些参与者比较主动，多说一些和胜任力相关的案例，还有不少参与者比较内敛，仅说提交卡片的名称。作为主持人，要让参与者尝试举例，可以举和自己有关的案例，也可以举和同事有关的案例。建议用插话的技巧，如“刚刚有位同学选择了 A，你也选了 A，能说说你和他的选择理由有什么不同吗”“你能讲一讲选择 A 的具体理由吗”，从而引导参与者进一步阐述自己的观点。

如何传递积极正向的信念，让每个参与者积极融入，这里有不少技巧。

· 如果有人说到沟通协调，而这个话题又是在组织中多次被强调的，作为外部顾问，就需要“借题发挥”，讲一讲“沟通协调”在组织中的重要性。无论是通过访谈收集的案例，还是高层的讲话，都可以提到。

· 讲到“客户导向”，可以就此分析一下企业的客户画像，并扼要地提到各部门在客户服务中的定位。

· 讲到“团队授权”，可以讲一下情境管理，面对不同技能和意愿的下属如何进行管理。作为主持人，不能只是一个仪式的传声筒，要学会让场面“活”起来。

作为敏捷建模的顾问，你可以引导得很深入，也可以引导得很浅显。其中蕴藏了一名顾问的功底，包含组织行为学、管理学、心理学等学科与实践的结合。

在工作坊阶段结束后还需要进一步细化胜任力的定义和行为特征，这些将在本书第五章中详述。

四、敏捷建模的三个关键点

（一）卡片的质量

市面上有不少公司都有自己的卡片，就卡片上内容的布局和呈现，可以看出这家公司是否用心做了卡片。通常而言，卡片上的内容有 90% 是重复的，还有 10% 是独特的。所谓独特，就是符合中国的特殊情况。

· 譬如国外强调追求卓越，在中国则奉行“狼性精神”，因为这个词反映了中国竞争激烈。

· 譬如常用的培养发展，在中国则用“传道授业”或“授人以渔”，这更贴切和自然，中国历来有传道授业解惑的讲法，表示一种师徒制的再现。

· 卡片上的内容必须体现时代的特征。譬如“互联网思维”，这是中国特色的体现。在国外，这个词用的频率不高。

· 譬如“匠人精神”，强调品质意识，时代呼唤精益求精的精神回归。

（二）建模中的干预

建模中的干预主要分为两个情境：

第一，理解和挑选卡片。

由于管理者对胜任力普遍理解不深，在看到这么多胜任力卡片时，往往是一头雾水，不知道从何下手。

作为主持人，要明确针对不同层级，重点参考不同的卡片。以胜任力卡片为例，常分为战略、文化、团队、业务、岗位、个性六个族。针对高层，建议重点从战略、文化、团队中选择；针对中层，建议重点从文化、团队、业务中选择；而基层和高潜质员工，建议重点从团队、业务、岗位中选择。当然，这个排序不是绝对的，也可以参考其他族的胜任力卡片，但不是作为重点。这样做就可以大幅度缩小卡片的范围，基本上可以把重点放到约 30 张卡片上，有效减少了对卡片的理解时间。

在不同层级中，可以进一步厘清该岗位偏重管理岗还是专业岗。不同的管理者，由于组织安排和业务需要的不同，工作重点会有所不同。比如笔者接触的一位研发管理者，尽管身为管理者仍然需要带头完成若干研发课题。偏重业务的管理者，需要多关注和业务、岗位相关的胜任力卡片。反之，偏重管理的领导者需要重点参考和文化、团队相关的胜任力卡片。

第二，筛选卡片达成一致。

筛选卡片时，有两种比较极端的情况：一种是过于极权，出现“一言堂”；另一种是过于民主，无法达成一致。敏捷建模的要求是“放得开，收得紧”，所以顾问在此过程中要密切注意和适当干预。

遇到一言堂的情形，要多鼓励其他参与者勇于发言。遇到过于民主的情形，要适当“撮合”彼此的意见，成为一只“看不见的手”。

（三）建模中异议的处理

在建模中因为种种原因，参加建模的人员会对敏捷建模所暴露的一些问题有异议或者不以为然。

笔者之前在某企业建模时谈到客户体验时，某高管立刻就说现在企业没有客户反馈体系，也就是通过这种方式表达对客服部的不满。笔者立刻回答这位高管：“企业需要构建一个客户体验体系，从而真正解决这个问题。”在项目进行中，往往会出现部门与部门之间、人员与人员之间的矛盾，如何正向引导，把焦点集中到大目标，这对顾问来说是一个考验。

如果员工挑选卡片的时间过长，顾问需要干预，给予个别辅导。

五、敏捷建模的变化

现在，敏捷建模的定义正在发生变化。不只是用卡片建模，其他几种方式的组合也可能是敏捷建模，包括焦点小组访谈、调研问卷等。近年来的变化特点是，咨询公司渐渐发现，在建模时单单用胜任力卡片会存在不足，开始逐渐丰富“敏捷建模”的建模方法。但是这个方法又是有限度的，和标准建模的主要不同仍然在于敏捷建模很少使用访谈。

目前常见的组合方式包括：

· 焦点小组访谈 + 卡片建模。

· 调研问卷 + 卡片建模。

· 焦点小组访谈 + 调研问卷。

这三种组合中，第二种和第三种组合比较简易，第一种组合比较复杂，原因是焦点小组访谈 + 卡片建模都需要在线下进行，而调研问卷在线上进行即可。

第一种组合“焦点小组访谈 + 卡片建模”。以往的“焦点小组访谈”多是在绩优者中进行。这里介绍一种变式，参与者除了绩优者，还可以是高管和相关领导。这就变成了一个“恳谈会”，高层针对相关层级的人才要求，各自提出自己的观点，并在观点碰撞中逐步提炼和升华。这种方法又可以称为小规模的“战略研讨会”，也是一种演绎的方式。

第二种组合“调研问卷 + 卡片建模”。针对不同层级的调研，也可以理解为演绎或者归纳的方式。针对高层的调研问卷也是一种演绎，而针对中基层的调研问卷则是一种归纳。在实操中，调研往往是同步进行的。通过调研，可以发现高层和中基层对胜任力理解的显著区别。最后所采纳的胜任力模型，往往是以高层为主、中基层为辅。建议在这种组合的实操中先做调研问卷，后做卡片建模。先让参与者对胜任力模型有初步理解，更有利于做线下的工作坊。

第三种组合“焦点小组访谈 + 调研问卷”。这种组合也是调研问卷先行，和第一种组合类似的是，焦点小组访谈的对象既可以是绩优人员，也可以是高管及相关领导。两种方式各有利弊，前者可以了解绩优人员的行为，后者可以了解高管对相关岗位的要求。

在标准建模中，主要采用的就是“演绎 + 归纳”的方式。如果在敏捷建模中，也采用“演绎 + 归纳”的方式，尽管规模小于标准建模，效果也会比原来好很多，而所用时间并不明显增加。这三种组合，前后时间都不会超过两周。

敏捷建模对于原来已有胜任力模型、要进行修订的需求，或者是原来某个层级已经有胜任力模型、进行增补的需求，效果比较好。对于从0到1构建胜任力模型的需求，相对而言效果一般。

第三节 敏捷建模的弊端及其应对

敏捷建模尽管存在诸多优点，但是在实施过程中也会发现一些问题。一方面敏捷建模使胜任力模型变得僵化和刻板，无法充分体现企业的特色；另一方面敏捷建模中无法完全提炼胜任力，无法全面体现高绩效行为。

针对这些问题，笔者有两个建议：

第一，注重对敏捷建模的结果进行再提炼。

由于胜任力卡片的词汇是固定的，为了避免构建出的模型千篇一律，需要重新思考胜任力的名称。

比如在胜任力卡片中，有一张卡片叫“善用资源”，在实操中经过讨论，企业负责人认为“善用”还不能充分体现对资源的把握和调动，用“整合”更能体现资源管理者的全局观，所以项目组最后把这项胜任力改为“整合资源”。

在一次实操中，企业选择了“互联网思维”和“创新变革”，但是领导者觉得这两张卡片还不够凝练。于是经过讨论，基于该企业的行业特色和以创新为主导的价值观，把这两张卡片合二为一，形成“互联网创新”胜任力项。

所以，卡片库更多的是提供了一个“池子”，基于这个池子，可以做各种排列组合，也可以在此基础上更新创造，这才是敏捷建模的初衷。敏捷并不是要让结果变得无效，而是让流程变得更有效。

第二，充分重视高管的意见。

在项目中，领导者会基于对企业战略和企业文化的理解，提出一些不同的观点。比如有些领导者注重家庭伦理，认为无法实现家庭和谐的领导者不是好的领导者。而很少有胜任力卡片是体现家庭伦理的，因此需要重新发明胜任力词汇，如“和谐互助”“守望恭顺”。

还有一些领导者注重对人才梯队的培养，认为无法培养合格继任者的领导者不是好的领导者。尽管有类似“梯队建设”的胜任力卡片，但是仍然无法充分体现意识和行为，因此需要重新组合和创造，如“善为人师”。

尽管胜任力卡片所采纳的是常见的胜任力词汇，但是因为中国汉字文化博大精深，往往只能表现胜任力的几个方面，无法展现深度和广度。所以，需要在具体执行时积极参考相关领导者的意见，并及时修正。

作为顾问，在拥有自己成熟的体系和方法的同时，也要充分考量甲方的意见。因为他们是真正的使用者和执行者，对环境、任务和挑战有切身的体会，所以他们的意见更加珍贵，也是信息的重要来源。

第四节　敏捷建模示例

有一家民营软件公司，这里称为 H 公司。H 公司的发展速度较快，有 2000 人左右，其中中层干部近百人。H 公司之前从来没有做过正规的人才盘点，准备对中层干部做人才盘点。在咨询人才盘点的同时，也问我们能否提供建模的服务，构建一个至少在 2~3 年内持久使用的模型。

在建模上，H 公司开始中意标准建模，但是由于标准建模的费用较高，决定改用轻量级的敏捷建模。

在客户的要求下，项目组设计了“焦点小组 + 卡片建模”的混合式敏捷建模。具体的操作方式是：首先请高管人员集体讨论中层干部的胜任力模型；其次让绩优中层干部通过卡片建模的方式筛选卡片，并且提供案例。传统的焦点小组，参与对象通常是绩优人员，这里采用的会议形式不变，人员改为高管，可以理解为变种的“焦点小组”。

采用这种混合式敏捷建模的好处是，效率比较高。上午、下午各一场，一天可以大致得出结果。总体而言，这个方式既有演绎的部分，也有归纳的部分，从方法论上可以说是齐备的。当然也有不足之处，没有访谈的建模方式，通常很难得出思维倾向和内驱力倾向的胜任力模型。但是在时间和费用的限制下，这也是一种比较好的折中方式。

整体的计划表如下：

· 准备建模的相关材料，如企业战略、部门职能、岗位说明书。

· 计划和组织会议，确定参与的人选和时间。

· 焦点小组研讨会，主要由高管参加。

· 敏捷建模工作坊，主要由绩优中层干部参加。

· 归纳总结两部分内容，形成结果。

· 提交审核，准备下一阶段的工作内容。

· 在建模工作开展前，H 公司的 HR 还有以下几个问题：

第一个问题是，两次会议产生的结果是否完全一致，或者说结果是否会完全不同。根据项目组的经验，由于锁定的是中层干部，虽然出发点和个人经历完全不同，但是对工作内容的认知基本类似，两者产生的结果一定有重叠的部分，不可能完全相同或者完全不同。

第二个问题是，如何有效地处理两者的结果。项目组重点考虑焦点小组得出的内容，然后补充敏捷建模工作坊得出的结果。因为焦点小组中的参与对象都是高管，会从公司的战略高度思考人才的要求，比较吻合公司的价值观，这样才能保证胜任力模型在未来 2~3 年内能够满足公司经营的需要。敏捷建模工作坊可以起到查遗补缺的作用，把中层干部的一些优秀行为提炼出来。

第三个问题是，公司在中层管理人才上断层严重，目前不少人都是破格提拔的，能否通过胜任力建模为后期的人才盘点提供指导。项目组认为，针对公司的人才现状，中层干部的胜任力应该充分体现“包容性和指引性”。包容性是指胜任力的初始要求不宜高，要同现有人才的能力相吻合，这样可以留出空间。指引性是指胜任力的高级别要求要体现公司未来的发展要求，与成熟企业接轨。所以，项目组又称这个胜任力模型是“宽带胜任力”，既保留希望，又体现要求。

在 HR 提交资料后，项目小组进行了文献的浏览和编码，对资料中所体现的胜任力要求进行了确认。这部分所体现的胜任力主要包括追求卓越、灵活应变、团队协作和学习领悟。

在焦点小组讨论会上，顾问发现大家讨论得十分激烈。首先，董事长表现得较为强势，有较多的想法和意见，有时候还会打断别人的话，这时候顾问会有意识地让其他人多发言，甚至指名要求某人发言，避免形成“一言堂”的局面。

其次，一位高管提出，企业中有些业务带头人所辖业务年年亏损，但是跟没事人一样，没有明显的责任意识，还是单纯的打工者心态。能否在胜任力中充分体现当家做主的意识，充分体现老板的意识，是决定企业能否长远发展的关键。针对这一点，现场不少高管表示认同，顾问提出中层干部要体现主人翁精神，这一点得到高管的认可。

最后，总经理提出，现在软件的迭代速度日益加快，要求研发人员与时俱进，提升自己的创新和适应能力。

通过讨论，项目组得到以下胜任力：

主人翁精神、迭代创新、推动执行、灵活应变、团队塑造、开放坦诚、梯队建设、协同合作。

第四步敏捷建模工作坊，顾问首先和各位绩优干部分享了卡片建模的目标和流程，然后讲了胜任力卡片的特点。胜任力卡片一共由六个族组成，分别是战略族、文化族、业务族、团队族、岗位族和个性族。由于卡片比较多，针对中层干部，顾问推荐大家多从文化族、业务族、团队族中进行选择。建议先浏览一遍这三个族的卡片，然后重点从名称和行为项角度入手，思考是否符合高绩效中层干部的特征。

由于对卡片不太熟悉，参与者花了一些时间浏览卡片。顾问鼓励参与者做排除法，不要在某张卡片上停留过久。在掌握方法后，各位参与者明显提高了效率，在顾问的引导下，将自己的选择逐一上墙。值得注意的是，其中有些观点和高管的观点不谋而合，如有人提出要“勇于担当”，虽然该胜任力属于个性族，但是顾问并不排斥其他族的卡片。

另外，也有人提出了不同观点，如企业在构建产品时必须有一整套的规划意识，要能够从设计、量产、实施、服务多个角度有序地思考问题，而不能“头痛医头，脚痛医脚”。还有人认为，目前中层干部对于品质意识还不够重视，做出来的成品差错很多，造成客户投诉。

这些都被顾问一一记录下来，最后汇总的胜任力是：

勇于担当、横向协作、品质意识、推动执行、团队凝聚、拥抱变化、统筹规划和专业造诣。

项目组比较了两组的结果，做了进一步的归纳，并且把胜任力项按照 H 公司的常用语言表达出来：

中层干部胜任力模型：主人翁意识、迭代创新、协同合作、梯队建设、统筹规划、推动执行。

在构建其中的分级描述时，项目组采用了宽带胜任力的构建方式，如表 2-1 所示。

表 2-1　胜任力描述

层级	定义	行为描述
	明确工作目标	对自己的工作目标清晰，并持续努力
	遇到困难，坚持不懈	面临困难和阻碍，积极思考，寻求解决问题的办法
	制定挑战性的目标，并推动团队达成	为自己和团队制定合理且具有挑战性的目标，向他人施加足够的压力，确保目标达成

这三个层级的区分非常明显，三个层级的区间较大，有利于中层干部的定位和发展。

第三章

标准建模第一步：计划

标准建模的流程主要分为三大阶段：信息收集、模型设计和成果输出。本章主要讲第一阶段中的计划部分。

俗话说："兵马未动，粮草先行。"构建胜任力模型是一项系统性工作，需要人力资源部和相关业务部门投入大量的时间和精力。为了取得更好的效果，需要提前制订工作计划。制订工作计划主要分为以下几点：

· 制定项目进度表，确定主要步骤的时间、方法及结果。

· 确定项目组成员，明确职责和分工。

· 实施项目启动会，宣贯项目背景和任务要求。

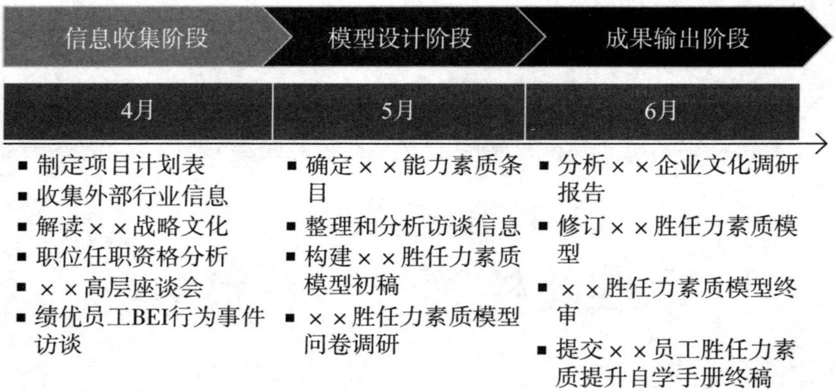

图 3-1 胜任力模型构建三大阶段

第一节 制定项目进度表

做时间计划时，一方面要留有充裕的时间；另一方面要严格控制项目进度。通常而言，敏捷建模时间在 1 个月以内，标准建模在 2~6

个月。

制作项目进度表时，需要明确整个项目的主要步骤、时间、产出结果，如表 3–1 所示。

表 3–1　项目进度表

关键过程	子流程	时间
一、宣导会前准备	1. 确定宣导会时间、访谈名单、访谈时间安排	3 月
	2. 行为访谈材料准备与确认	
二、实施访谈	1. 高管访谈及定性结果输出	4 月
	2. 任职者行为访谈及定性结果输出	
三、结果的统计分析与内部研讨	1. 高管战略演绎结果定量统计分析	5 月
	2. 任职者行为访谈结果定量统计分析	
	3. 外部标杆企业对照分析	
	4. 项目组内部研讨	
	5. 确定胜任力模型初稿与设计稿	
四、同相关领导进行研讨，根据研讨结果修改模型初稿		6 月
五、胜任力模型定稿、定义与分级描述	1. 根据高管研讨结果修改模型、设计稿并最终定稿	6 月
	2. 胜任力定义与分级描述撰写	
六、胜任力模型应用手册及相关产出	1. 胜任力应用手册的撰写与确认	7 月
	2. 撰写 360 度评估表、BEI 面试题库	
	3. 与相关负责人确认产出，定稿	
七、项目结束		8 月

在设计计划表单时，要注意关键过程不能遗漏，关键过程主要分为“外”和“内”。“外”是指收集信息和协调，“内”是指分析、研讨并产出结果。以表 3–1 为例：

“外”包括：

· 宣导会前准备。

· 实施访谈。

· 同相关领导进行研讨，根据研讨结果修改模型初稿。

“内”包括：

· 结果的统计分析与内部研讨。

· 胜任力模型定稿、定义与分级描述。

· 胜任力模型应用手册及相关产出。

在建模项目中，项目进程以“外—内—外”为主，类似于“输入—分析—输出”的过程。有人会认为，建模中后面的几个步骤比较重要，其实建模前期的规划和安排是最重要的，可以防止后面的过程跑偏。

接下来确定项目组成员，明确职责和分工。为了更好地说明，以咨询公司为例，咨询公司在参与建模项目时通常会有四类角色，分别是咨询总监（项目总监）、项目经理、顾问、分析师。

不同角色的职责：

· 咨询总监负责把控整体项目质量、主持重大事件。

· 项目经理负责整体项目的进度和质量，负责同甲方的对接。

· 顾问负责项目中的访谈、调研等具体事件，并参与最后成果的输出。

· 分析师负责项目中相关文献的编码，对访谈和调研结果做定量分析并制作应用手册等成果。

· 如果切换到甲方，角色可以这样对等：

· 咨询总监——副总 / 人力资源总监。

· 项目经理——人力资源经理。

· 顾问——人力资源主管 /HRBP。

· 分析师——资深职员。

结合之前的项目进度表，可以看到不同角色在不同阶段的职责，如表 3-2 所示。

表 3-2　不同角色在不同阶段的职责

关键过程	子流程	时间	项目经理	顾问	咨询总监	分析师
一、宣导会前准备	1. 确定宣导会时间、访谈名单、访谈时间安排	4 月	R			
	2. 行为访谈材料准备与确认		R			

续表

关键过程	子流程	时间	项目经理	顾问	咨询总监	分析师
二、实施访谈	1. 高管访谈及定性结果输出	4 月	S	R	R	S
	2. 任职者行为访谈及定性结果输出		S	R		S
三、结果的统计分析与内部研讨	1. 高管战略演绎结果定量统计分析	5 月	C			R
	2. 任职者行为访谈结果定量统计分析		C			R
	3. 外部标杆企业对照分析		C			R
	4. 项目组内部研讨		R	S	C	S
	5. 确定胜任力模型初稿与设计稿		R	S	C	S
四、与企业 HR 部门进行研讨，根据研讨结果修改模型初稿		6 月	R		S	
五、胜任力模型定稿、定义与分级描述	1. 根据高管研讨结果修改模型并最终定稿	6 月	R	C	C	S
	2. 胜任力定义与分级描述的撰写		C	C	C	R
六、胜任力模型应用手册及相关产出	1. 胜任力模型手册的撰写与确认	7 月	C			R
	2. 撰写 360 度评估表、BEI 面试题库		C			R
	3. 与 HR 负责人确认产出，定稿		R			S
七、项目结束		8 月	R			

注：R= 负责；S= 参与；C= 咨询

以“根据高管研讨结果修改模型并最终定稿”为例，说明各角色的职责。项目经理对这项任务的最终结果和质量负责。在这个任务中，分析师要协助项目经理分析数据、撰写胜任力项等任务，而咨询总监和顾问要在此过程中，从胜任力大框架到细节积极给予建议。

第二节　细化安排和访谈分组

一、制定驻场工作计划表

在和企业充分沟通后，在项目进度表的基础上完善驻场工作计划表。这个过程的重点在于时间的安排和顾问的分工，把工作细分到每个月、每个周，如表 3-3 所示。

表 3-3　驻场时间安排表，细化时间轴和人员安排

关键过程	子流程	时间 人员	4 月				5 月				6 月				7 月			
			第一周	第二周	第三周	第四周	第一周	第二周	第三周	第四周	第一周	第二周	第三周	第四周	第一周	第二周	第三周	第四周
一、宣导会前准备	1. 确定宣导会时间、访谈名单、访谈时间安排	李 ××	√															
	2. 行为访谈材料准备与确认	张 ××			√													
二、实施访谈	1. 高管访谈及定性结果输出	李 ×× 刘 ××					√	√										
	2. 任职者行为访谈及定性结果输出	刘 ×× 王 ××						√	√	√								
三、结果的统计分析与内部研讨	1. 高管战略演绎结果定量统计分析	张 ××									√							
	2. 任职者行为访谈结果定量统计分析	张 ××									√							
	3. 外部标杆企业对照分析	刘 ×× 张 ××									√							

续表

关键过程	子流程	时间 人员	4月				5月				6月				7月			
			第一周	第二周	第三周	第四周	第一周	第二周	第三周	第四周	第一周	第二周	第三周	第四周	第一周	第二周	第三周	第四周
三、结果的统计分析与内部研讨	4. 项目组内部研讨	李 ×× 刘 ×× 王 ×× 张 ××										√						
	5. 确定胜任素质模型初稿与设计者	李 ×× 刘 ×× 王 ×× 张 ××										√						
四、与企业HR部门进行研讨，根据研讨结果修改模型初稿		刘 ××												√				
五、胜任素质模型定稿、定义与分级描述	1. 根据高管研讨结果修改模型、设计稿并最终定稿	刘 ×× 张 ××												√				
	2. 素质项定义与分级描述的撰写	刘 ×× 张 ××												√				
六、素质模型应用手册及相关产出	1. 素质模型手册的撰写与确认	张 ××													√			
	2. 撰写 360 度评估表、BEI 面试题库	王 ×× 张 ××														√		
	3. 与 HR 负责人确认产出并定稿	刘 ××															√	
七、项目结束		刘 ××																√

在时间表的安排中，主要可以分为三大块时间。第一块是宣导会和访谈，第二块是统计分析和检核，第三块是产出胜任力模型。

二、确定访谈人数

对于访谈的人数，有一种观点认为，无论在岗有多少人，绩优人选以选取 5%（层级中的总人数）为佳；还有一种观点认为，无论在岗多少人，绩优人选的人数必须有上限。

根据笔者的经验，某个层级的绩优访谈人选一般不超过 20 人且不少于 8 人。前提是，访谈人选都选择绩优者，如果采用经典的做法，访谈对象同时选取绩优者和一般绩效者，则要 20~30 人，这样才可以做对比和分析。

有的企业因为访谈消耗的人力、财力较大，而改用焦点小组的方式，以提高效率。但是根据相关研究，焦点小组的效果可能只有访谈效果的一半，而且较难提炼内驱力、思维方式类的胜任力。

对于高管访谈人数，建议是多多益善，没有人数限制。因为高管是企业中的决策层，他们的观点具有战略性、全局性、系统性和深刻性，比中下层的访谈收获更多。但是高管访谈又是考验顾问实力的时候，如果泛泛而谈，你得到的信息深度不够；如果深入挖掘，则需要顾问有较强的访谈功底，这一点在本章后面会深入讲解。

三、访谈分组

确定访谈分组时，必须按照不同的层级匹配顾问：

· 如果对方是总经理或董事长级别，咨询总监必须参加。

· 如果对方是总监级别，项目经理必须参加。

· 如果对方是经理及其主管级别，资深顾问需要参加。

一方面是为了体现重视程度；另一方面能更好地挖掘访谈对象的经历。访谈的本质如图 3-2 所示。

在访谈分组时，为了双重保险，通常会派出“A+B”的双顾问访谈组合，一位通常是资深顾问，一位的资历浅一些，起到“双重保险”的作用。在安排访谈者时，一定要充分考虑访谈者能否充分驾驭访谈。所谓的“驾驭”，就是应对自如，气定神闲，同时又能收获充分的访谈结果。考察访谈者能否驾驭访谈，要从访谈者的资历、能力、经验等方面进行考量。考量的方法，笔者称为“水桶理论”，访谈者的“水”不能少于访谈对象，或者说只有访谈者的资历、能力、经验优于或者不弱于访谈对象时，才能得到真实客观的访谈结果。

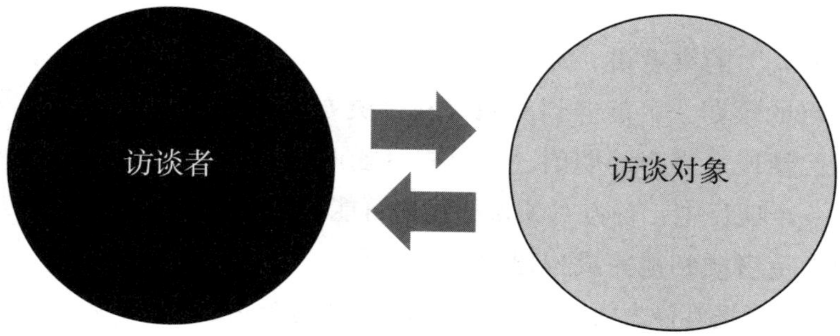

访谈者的本质是访谈者和访谈对象的交互

图 3-2　访谈的本质

第三节　实施项目启动会

项目启动会主要是指项目组内部的启动会。它的作用在于加强项目组成员对项目的理解，同时明确项目周期和分工。项目启动会通常由项目经理主持。

其中，主要分为两条线："事"和"人"。

一、"事"的维度

从"事"的维度讲，需要阐述项目的主要目标、过程中使用的方法。

确定了人员和项目周期后，最重要的是保证资深人员能够"按时保质"地工作。所谓按时，就是按照项目计划如期到位；而所谓保质，就是保证项目实施的质量。资深人员是项目顺利完成的核心保证，他们的经验十分重要。

二、“人”的维度

从“人”的维度讲，需要明确主要对接人、主要决策人，并明确各方对项目的预期，可能遇到的困难和解决方案。主要包括客户背景、客户高管的情况、客户的期望、项目中可能遇到的主要障碍。

在一个项目中，各方对项目的预期可能不同。预期主要有以下几类：

（1）笔者顺利地完成构建胜任力模型。

（2）笔者把胜任力模型项目作为杠杆，作为企业管理机制调整的抓手。

（3）笔者把胜任力模型作为牵引，后续从组织中提拔和培养有利于企业战略的人才。

（4）笔者把胜任力模型作为抓手，有效提炼企业文化。

（5）笔者把胜任力模型作为抓手，提升公司对 ×× 部门的重视。

除了第一类，其他各类的目的都不“单纯”，希望能够达到额外的目的。笔者在过往的项目中，普遍感到管理者的目的往往是多重的、复杂的。他们希望借助胜任力这个小的“点”，实现企业整体能力的提升，正所谓“以点带面”。所以在项目中，管理者会提出不少额外的，甚至是矛盾的要求。

为了更好地实现管理者的预期：

首先，需要和企业管理者（董事长 / 总经理）进行充分沟通，充分了解他们的需求。

其次，要在项目设计中有所侧重。以第三类“提拔和培养有利于企业战略的人才”为例，在胜任力落地的过程中，要设计好相关的流程和要求，例如人才库建设的标准和规则。以第四类“有效提炼企业文化”为例，在胜任力构建过程中，一方面要通过部分胜任力项体现企业文化；另一方面通过案例呈现，充分宣贯企业文化。

项目中可能遇到的主要障碍是有人会质疑其过程和成果。一般而言，对乙方公司质疑的有两类人：一是具备一定的专业背景，但是不够精深；二是从一开始就质疑项目的意义，而且层级不低。对于前者，用专业去征服他；对于后者，要争取有力的支持者，尽量争取最高决策者的认同，制造氛围上的优势。

第四章
标准建模第二步：信息收集

第一节　信息收集的方法

驻场信息收集，主要的方法有两个：战略演绎（自上而下）和行为归纳（自下而上）。

战略演绎和行为归纳两大类，又可以分为若干项，如图 4-1 所示。

· 战略演绎：高层访谈、战略演绎研讨会、战略文件分析、外部标杆分析。

· 行为归纳：行为事件访谈、焦点小组、问卷调研。

建模路径1：战略演绎——基于企业面临的宏观环境与未来战略，需要什么样的人才？
建模路径2：行为归纳——在目标岗位上，优秀任职者有什么样的行为特征？如何做到优秀？

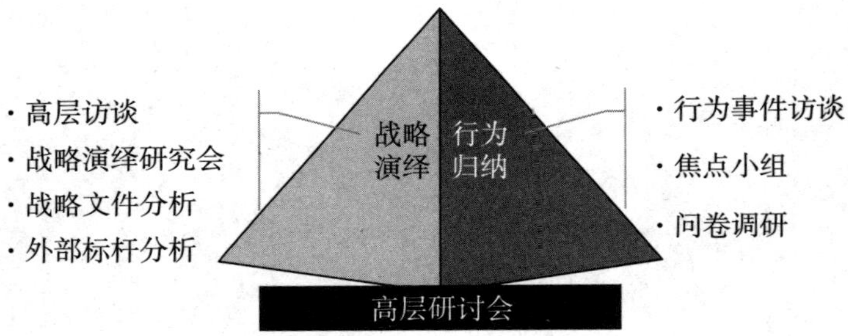

图 4-1　胜任力建模的路径

这是一种分类方法，还有一种笔者喜欢的分类方法，按照形式分为四大类：

· 访谈：高层访谈、绩优员工行为事件访谈。

· 文献：战略文件分析、外部标杆分析。

· 会议：战略演绎研讨会、焦点小组。

· 调研。

通常而言，在正式的标准建模时，前三个步骤一定会做。

标准建模时，常规的操作顺序是：

· 战略文件分析。

· 战略演绎研讨会。

· 访谈。

· 外部标杆分析。

这样安排的好处是：第一步文献收集和分析，便于对企业有初步的认识，相当于热身；而第二步战略演绎研讨会除了具有信息收集的作用外，也可以起到宣贯胜任力模型的作用，从而加强全体员工对项目的理解和重视。

第二节 战略文件分析

战略文件分析主要包括：

· 企业战略文件，包括企业战略、董事长讲话等。

· 企业文化文件，包括使命、愿景、价值观、工作准则等。

· 职位说明书。

通常而言，后两类文件用得比较多。内部信息收集及分析如图 4-2 所示。

尽管大多数咨询公司都有提到这个流程，但是认真做的公司较少，HR 通常也不重视这个过程。下面来讲讲具体怎么做。

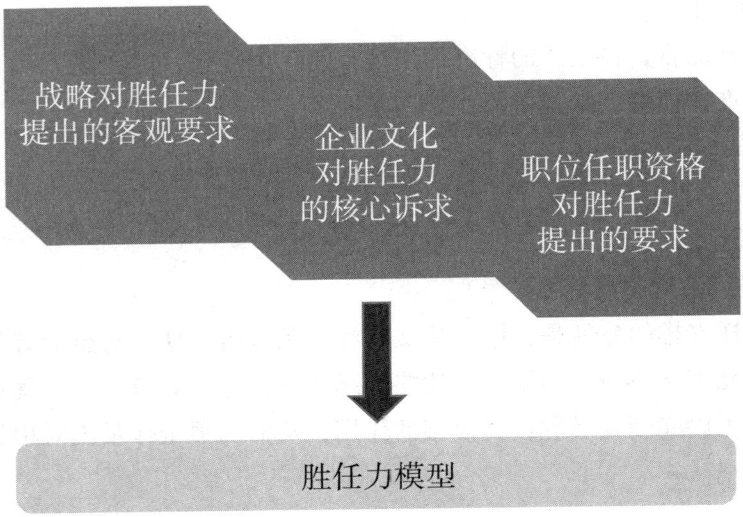

图 4-2　内部信息收集及分析

一、从企业战略、企业文化及核心价值观提取胜任力

提取胜任力项前，需要简化句型，找到与之相匹配的胜任力项。

“为客户服务是企业存在的唯一理由，我们坚持以客户为中心，有效地响应客户需求，持续为客户创造长期价值进而帮助客户成功。坚持为客户提供有价值的服务，是我们持续努力的方向和成功评价的标尺。”

这段话是某企业客户愿景中的一段话。首先简化句型，保留关键词：坚持以客户为中心，响应客户需求，为客户提供有价值的服务。

通过查阅胜任力卡片，我们会发现意思相近的胜任力是“客户导向”。胜任力“客户导向”的定义是：愿意站在对方的角度思考问题，充分理解客户需求，结合客户需求，为客户提供其真正需要的服务。

“客户导向”的关键点是：理解客户需求、提供客户需要的服务。而这两点在客户愿景中都体现了。所以，可以提炼出企业客户愿景对应的胜任力——客户导向。这就是编码，只不过真正的编码所面对的内容更加复杂，没有战略文献这么有条理和逻辑性。

勇于创新一直是企业文化的核心。创新是事业永恒发展的基石，是保持事业生存的前提，勇于突破自我、敢于创新是事业发展的基本动力，企业支持创新者，为创新买单，为创新支付成本。

先简化句型：

勇于创新，支持创新者。

这一段可以从胜任力卡片中找到类似的胜任力项，就是“创新变革”。

再列举一个稍微复杂些的案例，来自 ×× 银行的总体发展战略、使命、愿景、理念和工作准则。

愿景：

成为有创造力的银行。

使命：

· 客户：为客户提供优质服务。

· 员工：实现员工与企业的共同成长。

· 社会：促进社会发展。

理念：

团队精神；诚实守信；风险控制；业绩导向；改革创新。

工作准则：

客户利益至上；合规经营；公平竞争；风险与收益平衡；诚信；责任心；专业和进取；分工与授权；合作。

总体发展战略：

· 致力通过优化组织体系、提高人力资本素质、改进风险管理技能、加强业务创新和培育先进的企业文化，在对银行业务增长最有价值的领域建立明显竞争优势，形成企业的核心竞争能力和持续盈利能力，成为有创造力的银行。

· 中长期发展战略：在保持企业传统大中型企业优势客户群体的基础上，大力拓展优质小型企业客户业务；拥有较为完善的产品定价机制，建立优秀的产品研发队伍和高效的销售网络和销售队伍。

以上内容比较多，前半段可以从字面提炼，后半段则可以做针对性地提炼，括号中为概括的胜任力项。

愿景：

成为有创造力的银行（**创新突破**）。

使命：

· 客户：为客户提供优质服务（**客户导向**）。

· 员工：实现员工与企业的共同成长（**共同成长**）。

· 社会：促进社会发展。

理念：

团队精神；诚实守信；风险控制；业绩导向；改革创新。

（团队协作，正直诚信，风险意识，追求卓越，创新突破）

工作准则：

客户利益至上；合规经营；公平竞争；风险与收益平衡；诚信；责任心；专业和进取；分工与授权；合作。

（客户导向，风险意识，正直诚信，勇于担责，追求卓越，专业造诣，有效授权，团队协作）

总体发展战略：

· 致力通过优化组织体系、提高人力资本素质、改进风险管理技能、加强业务创新和培育先进的企业文化，在对银行业务增长最有价值的领域建立明显竞争优势，形成企业的核心竞争能力和持续盈利能力，成为有创造力的银行（**创新突破，风险意识**）。

· 中长期发展战略：在保持企业传统大中型企业优势客户群体的基础上，大力拓展优质小型企业客户业务；拥有较为完善的产品定价机制，建立优秀的产品研发队伍和高效的销售网络和销售队伍（**业务拓展，产品思维，梯队建设**）。

括号中为提炼的胜任力。由于胜任力项较多，在罗列胜任力项时，需要按照出现频率罗列胜任力，对出现 2 次以上的胜任力项要重点关注。

· 出现 2 次以上的胜任力项：风险意识、客户导向、追求卓越、创新突破、团队协作、正直诚信。

· 仅出现 1 次的胜任力项：共同成长、勇于担责、专业造诣、有效授权、业务拓展、产品思维、梯队建设。

得到结果后，需要按照出现的次数用表单进行罗列，胜任力在企业文化中出现的次数越多越可能被选中。

以 ×× 企业的企业文化中提炼的胜任力项为例，如表 4–1 所示。

表 4–1 ×× 企业文化胜任力提炼

胜任力项名称	出现次数
授权监控	2
激励	3
追求卓越	4
全局意识	2
客观公正	3
团队领导	3
战略执行	4
组织协调	1
指挥控制	4
客户导向	3

以上，“追求卓越”“战略执行”“指挥控制”是出现次数较多的胜任力项名称，将会在决策环节中予以考虑。

二、从职位说明书中提取胜任力

职位说明书主要包括基本信息、岗位职责、工作关系和任职资格等。其中的部分信息，如岗位职责、任职资格，是可以在构建胜任力模型时作为参考的。

其主要过程同编码的过程基本一致。

以 ×× 岗位说明书为例，如表 4–2 所示。

表 4–2　×× 岗位说明书

<table>
<tr><td colspan="4">基本资料</td></tr>
<tr><td>岗位名称</td><td>部长</td><td>部门</td><td>财务管理中心</td></tr>
<tr><td colspan="4">岗位设置目的</td></tr>
<tr><td colspan="4">落实资金管理、税务优化、会计核算工作，掌握、分析、预测、报告财务资金状况，确保达成各项财务指标</td></tr>
<tr><td colspan="4">关键职责和工作任务</td></tr>
<tr><td>关键职责</td><td colspan="3">工作任务</td></tr>
<tr><td rowspan="2">财务报告</td><td colspan="3">督导下属及时完成财务报告</td></tr>
<tr><td colspan="3">上报财务报告</td></tr>
<tr><td rowspan="2">财务分析</td><td colspan="3">分析区域财务状况</td></tr>
<tr><td colspan="3">审阅区域和各公司财务分析报告</td></tr>
<tr><td>税务筹划</td><td colspan="3">制定集团税务筹划策略，协助指导区域 / 城市公司开展税务筹划工作</td></tr>
<tr><td rowspan="2">资金管理</td><td colspan="3">平衡区域的资金使用</td></tr>
<tr><td colspan="3">区域公司的融资管理</td></tr>
<tr><td>人员管理</td><td colspan="3">考核内部人员工作，建议人员聘用；协调部门之间的关系</td></tr>
<tr><td colspan="4">任职条件</td></tr>
<tr><td>所需最低学历</td><td colspan="3">大学本科</td></tr>
<tr><td>专业要求</td><td colspan="3">财务管理、会计学或相关专业</td></tr>
<tr><td>所需相关工作经验及年数</td><td colspan="3">10 年以上大型企业财务工作经验，其中财务基本岗位 5 年，财务经理岗位 5 年</td></tr>
<tr><td>所需知识和技能</td><td colspan="3">熟悉会计核算工作及房地产融资管理工作
熟悉企业税务筹划和财务管理
熟练使用财务管理软件</td></tr>
<tr><td>胜任力要求</td><td colspan="3">团队领导、业务支持、组织协调、计划执行、创新能力、责任心、诚信正直</td></tr>
</table>

岗位职责，如表 4–3 所示。

表 4–3　岗位职责

关键职责	工作任务
财务报告	督导下属及时完成财务报告（**细节管控**）
	上报财务报告
财务分析	分析区域财务状况
	审阅区域和各公司财务分析报告
税务筹划	制定集团税务筹划策略，协助指导区域 / 城市公司开展税务筹划工作
资金管理	平衡区域的资金使用
	区域公司的融资管理
人员管理	考核内部人员工作，建议人员聘用。协调部门之间工作关系（**团队管理、部门协作**）

任职资格中的胜任力要求，如表 4–4 所示。

表 4–4　任职资格中的胜任力要求

胜任力要求	团队领导、业务支持、组织协调、计划执行、创新能力、责任心、诚信正直

将两部分进行整合，可以得到以下胜任力项：

团队领导、业务支持、组织协调、计划执行、创新能力、责任心、诚信正直、部门协作、细节管控。

通过检索愿景、使命、价值观、职位说明书中的关键字，可以对每个胜任力项出现的频率进行排序，从而找到重点。出现次数较多的胜任力项，会在建模时重点考虑。再举一个 ×× 岗位说明书的例子，如表 4–5 所示。

表 4–5　×× 岗位说明书

一、基本信息	
岗位名称：学习发展经理	
所属（单位）部门：人力资源部	岗位编号：

续表

<table>
<tr><td rowspan="2">报告关系</td><td colspan="3">直接上级：人力资源总监</td></tr>
<tr><td colspan="3">直接下属部门 / 岗位：学习发展主管、内讲师</td></tr>
<tr><td colspan="4">二、岗位职责</td></tr>
<tr><td rowspan="3">职责一</td><td colspan="2">职责描述：制定公司培训规划</td><td>输出结果</td></tr>
<tr><td rowspan="2">工作任务</td><td>1. 参与制订人力资源发展规划</td><td>人力资源规划案</td></tr>
<tr><td>2. 组织制订年度培训课程计划</td><td>年度培训计划表</td></tr>
<tr><td rowspan="3">职责二</td><td colspan="2">职责描述：建立并组织实施公司培训体系</td><td>输出结果</td></tr>
<tr><td rowspan="2">工作任务</td><td>1. 制订公司培训管理的相关制度、流程和计划</td><td>相关制度、流程及培训计划管理方法</td></tr>
<tr><td>2. 监督管理培训的实施</td><td></td></tr>
<tr><td rowspan="3">职责三</td><td colspan="2">职责描述：开发及整合公司培训资源</td><td>输出结果</td></tr>
<tr><td rowspan="2">工作任务</td><td>1. 组织开发通用性课程，编写相关教材，建立培训课程资料库</td><td>培训课程资料库</td></tr>
<tr><td>2. 组织和管理公司内外讲师</td><td></td></tr>
<tr><td colspan="4">三、职权范围</td></tr>
<tr><td rowspan="5">权限关系</td><td colspan="3">1. 开展培训规划的建议权</td></tr>
<tr><td colspan="3">2. 培训制度、培训流程及培训计划管理的制定权</td></tr>
<tr><td colspan="3">3. 管理培训实施的监督权</td></tr>
<tr><td colspan="3">4. 培训课程的制定权及讲授权</td></tr>
<tr><td colspan="3">5. 员工胜任能力的测评权</td></tr>
<tr><td rowspan="2">工作协作关系</td><td>公司内部</td><td colspan="2">各部门</td></tr>
<tr><td>公司外部</td><td colspan="2">各培训机构</td></tr>
<tr><td colspan="4">四、任职资格</td></tr>
<tr><td>学历及专业</td><td colspan="3">硕士，× × 专业</td></tr>
<tr><td>知识</td><td colspan="3">教育学、心理学、组织行为学和人力资源管理知识</td></tr>
<tr><td>能力与技能</td><td colspan="3">管理、沟通、教学、演讲、协调</td></tr>
<tr><td>工作经验</td><td colspan="3">10 年培训经验</td></tr>
<tr><td>个性</td><td colspan="3">积极进取、负责认真、开拓创新、团队精神</td></tr>
<tr><td>性别要求</td><td colspan="3">[ ]男　　[ ]女　　[√]无要求</td></tr>
</table>

聚焦岗位职责和任职资格（关注括号中的黑体字），如表 4–6 所示。

表 4–6　岗位职责和任职资格

<table>
<tr><td rowspan="3">职责一</td><td colspan="2">职责描述：制定公司培训规划（组织计划）</td><td>输出结果</td></tr>
<tr><td rowspan="2">工作任务</td><td>1. 参与制订人力资源发展规划</td><td>人力资源规划案</td></tr>
<tr><td>2. 组织制订年度培训课程计划</td><td>年度培训计划表</td></tr>
<tr><td rowspan="3">职责二</td><td colspan="2">职责描述：建立并组织实施公司培训体系</td><td>输出结果</td></tr>
<tr><td rowspan="2">工作任务</td><td>1. 制订公司培训管理的相关制度、流程和计划</td><td>相关制度、流程及培训计划管理方法</td></tr>
<tr><td>2. 监督管理培训的实施</td><td></td></tr>
<tr><td rowspan="3">职责三</td><td colspan="2">职责描述：开发及整合公司培训资源（资源整合）</td><td>输出结果</td></tr>
<tr><td rowspan="2">工作任务</td><td>1. 组织开发通用性课程，编写相关教材，建立培训课程资料库</td><td>培训课程资料库</td></tr>
<tr><td>2. 组织和管理公司内外讲师</td><td></td></tr>
</table>

任职资格中主要参考能力与技能、个性两个维度，如表 4–7 所示。

表 4–7　能力与技能、个性两个维度

学历及专业	硕士，×× 专业
知识	教育学、心理学、组织行为学和人力资源管理知识
能力与技能	管理、沟通、教学、演讲、协调（沟通协调）
工作经验	10 年培训经验
个性	积极进取、负责认真、开拓创新、团队精神
性别要求	[ ]男　　[ ]女　　[√]无要求

括号中的黑体字为提炼的胜任力项。将岗位职责和任职资格中提炼的胜任力项整合，得到 7 个胜任力项：积极进取、负责认真、开拓创新、团队精神、资源整合、组织计划、沟通协调。

由此发现，职位说明书中的字句相对简练，从岗位职责中提炼胜任力的难度较低。

第三节 战略演绎研讨会

在讲战略演绎研讨会之前，首先要讲战略演绎本身。

一、战略演绎的步骤

要想从企业的战略引出胜任力，这有一个过程。按照 DDI 的说法，这是从战略优先级—驱动因素—人才成功档案；按照前合益的说法，这是从战略目标—关键成功因素—胜任力。无论是驱动因素还是关键成功因素，本质没有变化，基本上是战略要素—成功因素—胜任力。但是如何演绎，知道的人并不多。战略演绎的步骤，如图 4-3 所示。

图 4-3 战略演绎的步骤

战略演绎 1，如表 4-8 所示。

表 4-8 战略演绎 1

战略要素	成功因素
·以客户为中心 ·继续巩固建设企业在大中型企业和机构客户市场的领先地位 ·全面提高企业在中心城市和重点区域市场的占比	以市场细分为基础，以客户为导向，提升目标市场的份额
·以市场为导向，以客户为中心 ·目标客户定位于大中型企业和机构客户市场	创新产品研发和管理体系，为客户提供定制化的产品

从表 4–8 中会看到从战略要素到成功因素的变化。战略要素是前瞻性的、外向的，而成功因素是目标性的、内向的。换句话说，为了实现战略目标，组织需要具备什么样的能力。战略演绎 2 如表 4–9 所示。

表 4–9　战略演绎 2

成功因素	胜任力
以市场细分为基础，以客户为导向，提升目标市场的份额	客户导向 市场敏锐
创新产品研发和管理体系，为客户提供定制化的产品	创新突破

然后，由组织能力再落实到岗位所具备的胜任力。这个过程类似于企业战略和文化中提炼胜任力的过程。

表 4–9 有两个重点：一是厘清战略目标；二是澄清成功因素。

第一个重点是战略目标。企业开战略演绎研讨会的时候，首先需要搞清楚企业的战略是什么这个基本问题。在开研讨会前，一定要和老板及部分高管通气，包括做若干调研，了解老板的“战略”是什么。老板作为掌舵人，他是有方向的，如果他跟你关系较好，会跟你交底。开战略研讨会，一方面是明确战略、形成方案；另一方面是达成一致。而更重要的是后者，通过邀请第三方，以及中高层的全员投入，体现公正性、代表性。

还有一种情况，就是老板本身也讲不清战略，这时就要发挥你自身的功底了。基于你对战略、行业、价值链的理解，同时在研讨会中，敏锐地把握现场的气氛，找到老板可能接受的方向。在研讨会中，最害怕沉闷的气氛，一定要有若干搅局者，让参与者活跃起来，这样就容易找对方向。而这个方向，你要善于把它拔高、升华。譬如有人提出 5 年内要成为某区域的行业领先者，那么领先者是否合适？主导者、整合者是否更好？这是你引导能力的体现。

第二个重点是澄清成功因素。成功因素的含义是公司内部必须具备什么才能达成战略目标。它既是一个结果又是一个过渡点，对于最终结果起到过渡作用，譬如“形成高产出文化，执行有竞争性的战略等”。

成功要素是对战略目标的说明、解释和澄清，它可以做得很粗，也可以做得很细。通常每个战略目标最多有 3~4 个成功因素，并且分出优先次序。在这个过程中，注意把公司作为一个整体进行思考，而不是过早地切入职能和条线。也可以将成功要素理解为组织能力，注意不能将其泛泛地理解为部门职责，它是一种合力，需要各部门的广泛配合。

二、战略演绎研讨会的步骤

在开战略演绎研讨会（以下简称研讨会）时，开场的方式接近敏捷建模工作坊。不同的地方在于，工作坊主要是用卡片和团队列名法，而研讨会基本是不借助任何工具的头脑风暴。

甲方开研讨会时参与的对象，主要包括总经理、高管、各事业部或各区域负责人；如果是中小规模的公司，则会包括各部门经理。需要指出的是，高管的参与对整个研讨会的成功非常重要。

主持人要掌握两个关键点：一是如何把总经理或高管对项目的期望传递出来；二是如何保证流程顺畅地进行。要做到第一点，关键在于对高层精神的把握，而不是简单做个传声筒。当然，不是说不能直接传递讲话的内容，而是要寻找恰当的时机，取得“振聋发聩”的效果。作为主持人，重点要对企业现状了如指掌，能够有所发挥，又能点到为止。

有家企业在做研讨会的时候，老板关心的重点是，能否把过去的粗放式经营转变为系统化经营，把过去以功能型为主的人才管理转变为以组织效能为主的人才管理。在研讨会中，主持人要以胜任力为引子，强调科学、系统的人才管理对于企业经营模式转变的意义。这就是一种理念、价值观的传递，也是项目的主要价值所在。

研讨会的流程，主要有两个环节：确定战略、战略演绎研讨会要点，确定胜任力。如图 4–4 所示。

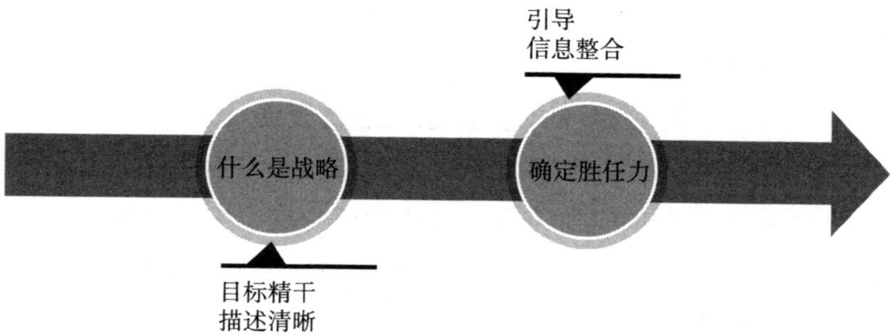

图 4-4　战略演绎研讨会要点

（一）确定战略

战略有两个要求：

一是战略的目标不要多。

战略指的是公司在未来一个比较短的周期（1~3 年），必须做到的事情是什么。这件事情的数量不能太多，譬如有些公司在提战略时，会讲“5+3+5”，目标比较多，有时候难以达到。

二是战略的描述要清晰。

有些人说“建设一家一流的企业”，需要澄清什么是“一流”，是产品一流、利润一流还是服务一流。还有些企业的战略是“很明确”的，比如 3 年 600 亿元，但是仅有数字不是战略，只是战略结果。战略一定要有清晰的定位。所谓定位，就是认清自己的位置。比如万科曾有这样的战略：聚焦主流、快速周转和战略纵深。其中的聚焦主流就体现了定位，具体含义是锁定大众住宅开发为核心业务，面向自住购房者，以中小户型为主。

（二）确定胜任力

从战略过渡到组织能力和胜任力，需要引导语：

· 如果要达成战略目标，组织需要什么样的能力？

· 要满足组织能力，人才需要达到什么样的标准？

头脑风暴的时候，最重要的是渲染气氛，有较高的投入度就能保障较好的结果。主持人需要引导，强调说法没有对错，重在参与。

同时，需要做信息整合。参与者给予的信息可能是重复的，或者是意义不清的。遇到重复的信息，则要强调之前已经提到了；遇到意义不清的信息，则需要澄清。比如“团队管理”这个词可能是“团队凝聚”，也可能是“培养下属”，需要对具体意义进行澄清。

研讨会的结果，不同于敏捷建模要得到若干胜任力项，结果也可以是十几项甚至是二十几项胜任力。这些胜任力项会在将来做进一步的整合和优化。最后，主持人需要总结这次研讨会的意义，既澄清了公司的战略，同时也明确了人才标准。

以上是一个基本流程，如果要彻底掌握，需要观摩优秀主持人的研讨会，并亲自主持若干场研讨会。研讨会的意义绝不只是仅仅构建人才标准，最关键的是统一管理层对企业战略、人才战略的认识，而这需要事先同公司高层达成一致，外部顾问或 HR 需要学会巧妙地把老板的主张移花接木到会场的统一意见上，这是一种艺术。

第四节　访谈

访谈是归纳法中比较重要的一种方法，万科曾经要求每个 HR 会做两个小时的 BEI，由此可见访谈的重要性。无论你是做胜任力建模、定岗定编还是人效提升、绩效管理，其中你必须先做访谈。

访谈的英文是 Interview 或是 Talk，前者比较正式，后者比较随性。把 Interview 拆解开，就是彼此的观点。访谈的日语叫面接，形象地看就是面孔接着面孔，就是面对面。人是社会动物，必不可少的是沟通交流，日常中有种种面接，即正式的和非正式的。那么，访谈和一般的聊天又有什么区别？区别在于访谈是深入的，会挖掘你内心深处的记忆、情感和动机。因此，好的访谈一定是令人回味无穷的，是值得反复聆听的。每次有好的访谈，笔者必然收藏。访谈的四大基础如图 4-5 所示。

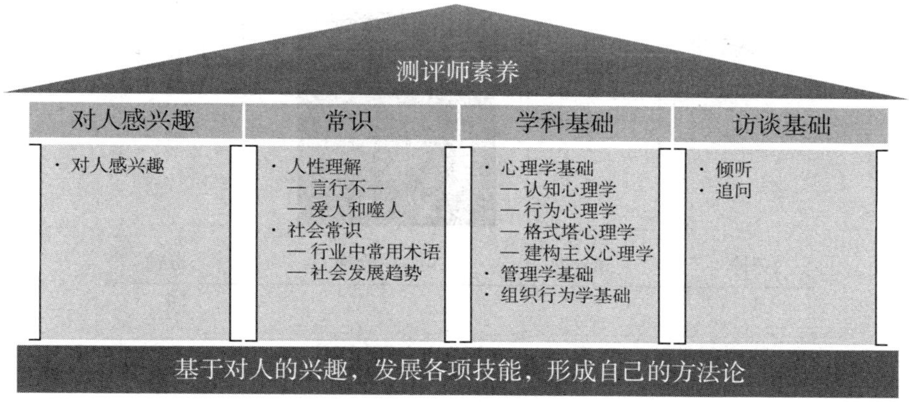

图 4–5　访谈的四大基础

建模时的访谈是常说的 BEI 的分支，叫 FBEI、Focus Behavioral Event Interview、定向行为事件访谈，在操作上与 BEI 基本相同，都用倾听和追问的技能。不同之处在于二者的目的和结果，BEI 的目的在于人员评估，FBEI 的目的在于构建胜任力模型。BEI 的结果在于了解各项胜任力的水平，FBEI 的结果在于收集胜任力项和案例。

访谈主要分为中基层访谈和高层访谈。

一、中基层访谈

在同中基层访谈时，主要分为几个过程：

· 破冰。

· 了解职业背景。

· 案例收集。

· 结束访谈。

为了得到有价值的行为数据，访谈的整个过程会有一个特定的结构。访谈的总时间在 30~60 分钟，以一个小时为例，访谈的主要过程如图 4–6 所示。

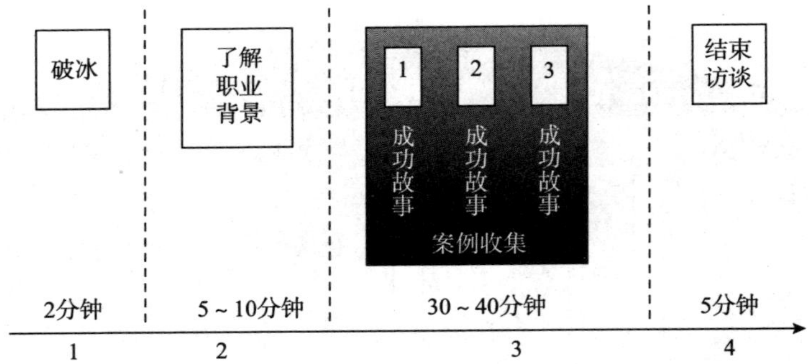

图 4-6　访谈的主要过程

（一）破冰

下面列出了每个步骤需要注意的事项：

· 介绍你及在整个访谈过程中所扮演的角色。

· 说明这次访谈将花费的时间和访谈接下来的几个步骤。

· 简单介绍什么是“胜任力模型”。

· 询问被访谈者对访谈本身及其流程是否有任何问题。

· 强调你会在访谈过程中做一些笔录，如果被访谈者也希望做笔录，请为他提供纸和笔。

· 强调这个访谈过程需要了解的是被访谈者的具体的行为，而不是一个工作团队的集体行为。

· 告知被访谈者，为了了解他的具体行为，在访谈过程中可能要常常打断他的谈话，请他谅解。

· 告诉被访谈者在访谈结束前也会留一定时间让他提问题。

· 告诉被访谈者整个访谈过程需要进行录音，强调访谈者所说的一切都会得到顾问公司的保密，除了顾问公司及他本人之外，其他人将不会看到访谈记录。

· 在征得被访谈者的允许后录音。

（二）了解职业背景

· 需要被访谈者提供比较详细的信息，这些信息包括：

○工作后的主要经历。

○当前岗位名称。

○从什么时候开始在现在这个岗位上工作。

○主要的岗位职责和活动。

○时间上的分配（以百分比表示）。

○直接下属的人数及岗位名称。

○间接下属的人数。

· 这部分对时间的控制比较重要。因为被访谈者常常会愿意花很多时间来介绍自己以前和现在的工作，访谈者的角色就是要控制他们在10分钟以内结束对自己职业的介绍。

需要注意的是，在第（一）和第（二）阶段，如果访谈者感觉访谈对象比较沉闷，或是参与度不足，可以多用一点时间。特别是在第（二）阶段，可以有意识地“引导”候选人。当被访谈者描述自己的岗位职责时，往往开始使用一些不够具体的动词，比如“管理”“带领”等。这时访谈者就应该让他们的描述更具体、更明确。比如可以通过提问的方式让他们进一步澄清：

“你说的管理在这里是什么意思？主要指哪些活动呢？”

“你是怎么‘带领’他们的？可以举个例子吗？”

为了成功实现“破冰”，笔者重点讲一讲倾听。

好的访谈，能够为被访者营造一种谈话的氛围。每个访谈者结合个人的风格，充分发挥访谈的技巧，往往让人如沐春风、暖意融融。

要精进访谈，首先要倾听。国外有本书叫《倾听的技巧》，倾听看起来是简单的，实际是复杂的。从阴阳的角度讲，你要获得就要先给予。给予他人足够的关注，给予他人足够的认可，给予他人足够的信任。倾听是营造氛围的第一步，这就像引蛇出洞、投石问路。在这个过程中，让被访者习惯表达、习惯倾诉、习惯述说，从而让被访者为深入的提问做准备。所以，这是暖场的环节，是一个双方从认识、熟悉到建立信任的过程。这类似于引导技术，无论是高管教练、工作坊还是恳谈会、述职会，都用这种方式帮助破冰、消除沟通的障碍。倾听的技巧，如图 4-7 所示。

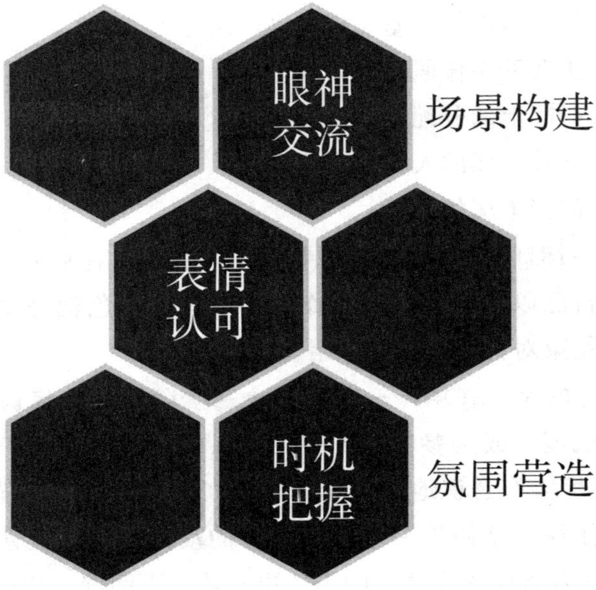

图 4–7　倾听的技巧

好的倾听要时刻给予被访者关注。通过点头、微笑、专注、记录，来表达你在乎被访者的每句话、每个词语、每个动作。在此过程中，眼神的交流是必不可少的。眼神的交流能够增强人与人之间的联系，你的注视会让被访者感受到一缕阳光映照在他的身上。

好的倾听，需要留给被访者足够的表达空间。有不少访谈者，以打断谈话、插入问题为能，实际上在一开始的对话中，这样的提问方式是不恰当的。美丽的画作在于它的留白，你要留给被访者一定发挥的空间，他可能会跑题，可能会啰唆，但是在这个过程中，他熟悉了沟通的场景，构建了表达的信心。所以，你要像猎人一样，谨慎地寻找合适的时机提问，而不是匆忙扣动扳机。

倾听，不只是用于访谈。在日常对话中，倾听也非常重要。好的倾听者是彬彬有礼的，不唐突的。现代人生活的快节奏几乎已经掩埋了倾听，让人觉得听是被动的、弱势的、无能的，这种观点是谬论。倾听既是访谈素养的体现，也是人自身素养的体现。

（三）案例收集

· 在整个访谈过程中，被访谈者需要讲述 2~4 个亲身经历的故事。具体的故事数量可以根据时间进行调整，但是建议不少于 3 个故事。

· 这些故事必须是过去 2 年内发生的，因为太久远的故事难以记住细节。

· 在讲述故事开始前，再一次强调这个故事必须是自己为主人公的故事，所要讲述的行为必须具体。

· 第一个问题一般是："你可以谈谈在过去 2 年内发生在自己身上的最成功（失败）的故事吗？"

· 给被访谈者一些时间来思考、回忆所要讲述的故事。

· 故事的讲述方式有明确的流程：

○让他给所要讲述的故事取一个名字。故事的名字为主谓宾结构，主语必须是被访谈者。

○让他明确故事的时间节点，从什么时候开始，什么时候结束。

○让他描述故事的起因是什么，结果是什么。

○让他把故事按照发展进程分成几个段落，每个段落需要明确时间节点。

○按照段落的顺序让他讲述故事，并针对他的描述进行提问。

○了解是什么让他觉得这是一个最成功（失败）的故事。

· 被访谈者往往在描述故事的起因和结果的时候，或者把故事分段落的时候就会详细地描述故事的进程，这个时候可以告诉他之后会详细地了解更多细节，现在只要把故事构建出一个框架就好。

· 在针对被访谈者的描述进行提问的时候，往往提到的问题是：

○你当时是怎么说的？

○你当时的感受是什么？

○你当时的想法是什么？

○你可以重复当时与他的对话内容吗？

○你可以举一个例子吗？

○你可以多聊聊刚才提到的事情吗？

· 当访谈者难以明确故事内的某些细节或主要角色时，必须马上打断并进一步澄清。

· 访谈者不可以提出有明确导向型的问题，如“你当时是不是觉得很沮丧”“那件事过后你是不是感觉心情很低落”，等等。

· 访谈者应该注意不要一次问太多有针对性的问题，或者关注对具体行动的探究，而忽视对个人感觉的了解。

（四）结束访谈

· 了解人力资源部门所关心的一些问题，如是否对公司新区域、新业务的岗位感兴趣，或者对哪些培训内容感兴趣。

· 感谢被访谈者花时间来参与访谈，并分享了很多有用的信息。

· 给被访谈者一些时间，让他提问想了解的问题，并做出回答。

需要注意的是，在第三个阶段，一方面通过案例来收集胜任力项；另一方面如果时间紧迫，而且访谈对象所谈的案例不够充分，可以通过直接询问的方式来了解岗位匹配的胜任力项。举例来说：

· 你认为你的岗位最需要具备的胜任力有哪些？为什么你觉得这些胜任力是重要的？

· 你认为你所在部门的员工（经理、主管、员工）最需要具备的胜任力有哪些？能否具体解释这些胜任力的含义？

（五）总结归纳

把这四部分进行归纳，总结成一个访谈提纲（中基层）：

· 访谈介绍：我们正在为 ×× 公司建立胜任力模型。胜任力模型是一个公司的优秀管理人员需要具备的个人能力和心理特质。你之所以被选为访谈对象，是因为你被认为是非常优秀的中层管理人员。因此，我们希望你尽可能多地跟我们分享你的宝贵经验。

· 请介绍下你的职业发展历史，可以吗？

· 你当前的岗位是什么？这个岗位的主要职责是什么？

· 这个岗位面临的主要挑战是什么？

· 你认为做好这个岗位的心得是什么？

· 你可以谈谈在过去的 2 年内发生在你身上的最成功的故事吗？

· 你可以谈谈在过去的 2 年内发生在你身上的最失败的故事吗？

· 除了你刚才说的成功故事，过去的 2 年内还有发生在你身上的成功故事可以分享的吗？

· 你认为你的岗位最需要具备的胜任力有哪些？

· 你认为你的部门的员工（经理、主管、员工）最需要具备的胜任力有哪些？

· 企业文化是指企业员工所共有的价值观或独特的行为模式。请问你认为你所在的部门的员工所共有的价值观或行为模式是什么？

· 感谢你花时间来参与访谈，并分享了很多有用的信息。

这是一个简单的、面向中基层管理者的访谈提纲。提纲是逐层深入的，有些复杂的提纲，还会问到胜任力如何分级等问题。如果你完全按照这个提纲来做，你最后得到的结果可能是什么呢？ 10~60 分。60 分的情况是，你遇到一个配合度非常高，能正确理解你的意思，并愿意跟你讲细节的员工；如果你遇到一个沉默寡言，或是紧张焦虑，或是配合度不高的员工，那么你得到的结果会很有限。大家会问我要超过 60 分，应该怎么办？这里卖个关子，在本书后面会具体解答。

值得注意的是，访谈录音建议让内部的其他员工复听。一方面审核访谈质量；另一方面再次提取胜任力项。

二、高管访谈

接下来讲讲高管访谈，首先给一个面向高管访谈的提纲。

· 访谈介绍：我们正在为 ×× 建立胜任力模型。胜任力模型是一个公司的优秀管理人员需要具备的个人能力和心理特质，这对于企业未来的人才发展和甄选，以及实现企业的转型和变革非常重要。因此，我们希望你尽可能多地跟我们分享你的宝贵经验。

· ×× 的战略目标是成为行业领先的企业。请问行业领先的标准是什么？

· 接下来具体需要在哪些方面进行变革和拓展？

· 请想象一下，未来如果企业遭遇失败，你认为最可能是什么原因？

· ×× 的核心竞争力是什么？

· 在未来发展战略的蓝图中，你对总经理、总监、经理和主管的要求和期望是什么？他们在哪些方面还需要进一步加强？

· 你在挑选领导者时比较看中哪些方面？你觉得培养领导人的困难有哪些？

· 根据你的观察，我们的总经理团队普遍存在的问题是什么？能不能举一些例子？

· 总监团队普遍存在的问题是什么？能不能举一些例子？

· 经理团队普遍存在的问题是什么？能不能举一些例子？

· 主管团队普遍存在的问题是什么？能不能举一些例子？

· 你对于总经理、总监级、经理级和主管级的要求分别是什么？

· 企业文化是指企业员工所共有的价值观或独特的行为模式。请问你认为员工所共有的价值观或行为模式是什么？

· 感谢你花时间参与访谈，并分享了很多有用的信息。

面对高管，首先要问公司具体的战略目标，以及引领战略目标所需要的胜任力。

同高管访谈的意义在于洞悉公司高层对经营战略、人才战略的基本观点。所以，正常地推进高管访谈非常重要。

笔者重点谈三点：

第一点，如何营造访谈的氛围。因为是初次见面，所以能否创造一个轻松愉快的氛围至关重要。你需要通过肢体语言、语音语调来表现你对这次访谈的投入度和参与度，体现对访谈对象的尊重和尊敬。因为高管的时间都特别紧张，所以要注意把握每一句话。

第二点，避免话题跑偏。访谈中可能会遇到一些话匣子，如何避免话题跑偏，也是需要访谈者注意的。可能整个访谈下来，两个人聊得很高兴，但是实际的结果寥寥。尤其是和一些高级别的人沟通，比如董事长、总经理，特别擅长讲话的，一讲就停不下来。你千万不要怕打断他们，适当地打断能体现你的专业性。

第三点，善于理解高管的语言。高管的语言有两个特点：一是“高”。也就是看问题有高度，往往会脱离企业本身，从行业或是社会的角度讲，你要善于领会。二是“飘”。所谓的飘，就是抽象，没有一些语言功底不容易把握其实际含义。

笔者举个例子（以下为 ×× 总在访谈中的内容）：

人才的家庭生活必须和谐。一个人如果家庭管不好、不和谐，那么这个人也很难管理好企业。他鼓励文化开放、坦诚、平衡和良心。

诚信问题，他要提高内部诚信度，要营造内部诚信度，营造开放的氛围，有话就讲，坦诚。

这位高管访谈的特点是有时候会天马行空，也就是笔者说的“高”。尽管你谈到人才标准，但是他会从别的角度切入，比如从伦理的角度切入。

第一段话，谈的是一个人的家庭作风问题。如果从编码的角度看，这样的内容不容易编，不可能编一个维度是类似“和谐家庭”的。但是可以换一个角度，从企业的角度出发，互相尊重、互相信任，所以可以设计一个胜任力项“尊重互信”。

第二段话，这段话的高度很高，是从社会诚信来讲的。同样，换到企业角度，可以是类似“诚信开放”的胜任力。

在高管访谈中，对于初段顾问的要求是多倾听、多记录，回来把现场的录音反复收听，对关键信息进行记录。

对于高段顾问有更高的要求，可以和对方对得上话。因为高管考虑的问题多是行业的、政策的、市场的、业务的，他不会单单从胜任力或者是人力资源的角度跟你讲。他会谈到很多问题，比如人才保留、团队磨合、业务开拓、市场整合。谈到这些问题时，就要求顾问有较宽阔的视野，对于行业背景、组织结构、基础管理等有较深的理解。

高管在和你交流时，要学习跟上高管的节奏，这也就是笔者说的“飘”的特点。比如有位高管在和你形容人的能力时，会说“要求有硬能力，但又要足够软”。这句话并不容易理解。所谓的硬能力，是指需要具备一些关键的管理经验和专业技能；而所谓的足够软，是指具备较高的人际协调、团队凝聚的能力。所以，这种抽象的话，需要听懂他的话外音。通过话外音，还可以了解高管对整个项目的期望和支持度。

说到话外音，作为咨询顾问，要对整个企业所处的政策环境、行业背景、企业内部政治、高管背景相当熟悉。比如同样一个词“变革”，在不同高管的口里，对应着不同的意思。从一些积极要求变化的高管口中说出“变革”，那么这个“变革”的意思是正面的、褒扬的；而从一些保守且消极应对的高管口中说出“变革”，那么这个“变革”的意思是负面的、贬低的。

作为顾问，要能从细枝末节洞察企业的现状。单独看一个细节无法决定成败，然而多个细节中所体现的惯性却能反映出整个企业的文化，从而决定企业的未来走向。比如丰田某高管在培训新高管史密斯时，坚持要求他去观察车间流水线 19 道工序上的工人，以发现工作内容、顺序、循环周期的细微差别。从这个细节可以看出，丰田的“精益运营”的风格。

通过和高管的对话，你可以知道自己的水准在哪个水平线。完全搭不上话的，为初等；能沟通和插话的，为中等；能影响到对方的，为高等。你是哪一等呢？

访谈时需要输出成果，也有相应的表单，如表 4–10 所示。

表 4–10　访谈记录表

序号	问题	案例	提取胜任力

表 4–10 说明：“问题”主要列举顾问所提出的问题。“案例”是对访谈对象所述事件的主要描述。“提取胜任力”是对案例胜任力的提炼，可以是 1~3 项。具体如表 4–11 所示。

表 4–11　访谈记录表

序号	问题	案例	提取胜任力
1	你做得最成功的案例是什么	作为市场经理，所做的工作不一定是业务工作，还要管理部门的员工，以及和厂家之间进行沟通。我不仅要完成厂家的任务，还要完成管理工作，这两方面的工作是不一样的，甚至会发生偏差。有时候厂家下达的任务我们认为不太适合，如有的地区适合但不适合我们，这时候就需要我们沟通协调，但不能对着干或无所谓厂家的处罚，这时候要有大局意识。我会和厂家沟通，理解他们的意图。在传达给领导之后，我也会想办法把厂家的政策转化成适合我们公司的政策	沟通协调 大局观

三、访谈的诀窍

除了提纲，还有什么访谈的诀窍呢？笔者重点讲两点：一是引导的技巧；二是追问的技巧。

（一）引导的技巧

在访谈中，引导技能也有用处。譬如从讲述成功故事到岗位的胜任力，这两个问题之间是有跳跃的。参考如下：

- 你可以谈谈在过去的 2 年内发生在你身上的最成功的故事吗？
- 你认为你的岗位最需要具备的胜任力有哪些？

作为管理人员，对于具体的工作经历是有线索的，但是问到胜任力，无论是内涵还是外延，他可能是不太熟悉的，需要有个“引蛇出洞”的过程。针对中层管理人员，过渡的问题往往是这样：

- 了解作为部门，有哪些公司的战略目标需要承接？
- 要达成这些目标，我们的管理层需要什么样的人才？
- 最后才问到人才的胜任力。

当然这样问，略显啰唆，但是从逻辑上是没有问题的。

当不能得到有效的回答时，还有一种引导方式是，对于同一类型的问题，采用多种方式提问，比如问“你认为你的岗位最需要具备的能力有哪些”，也可以用以下方式提问：

· 你认为哪些能力是自己的岗位必需的？

· 你觉得你的哪些能力是最需要提升的，而且是最紧迫的？

· 如果你要将下属晋升到你这个岗位，你最看重哪些能力？

· 你认为哪些能力是你的岗位不可缺少的？

这种侧面引导的方式，可以用在 FBEI 的多种场合。笔者认为，这是和 BEI 类同的地方，BEI 中追求的是故事的成功要素，而 FBEI 追求的是匹配岗位的关键能力。

（二）追问的技巧

在引导开始后，为了抓住一些重要的胜任力项，需要进行深层次的追问，这就是笔者想讲的第二点。要做好追问需要做到两点，一是“抓重点”；二是“理细节”。追问的技巧，如图 4-8 所示。

第一，“抓重点”。

因为访谈的时间有限，所以，如何才算收集到一个完整的案例，并且找到其中的重要行为？笔者认为这需要培养两个敏感度：一是行业敏感度；二是人际敏感度。

所谓行业敏感度，是对行业中难点的敏锐度。

· 以 4S 店为例，要做好运营，最难的不是售前而是售后，售后是获取利润的主要来源。

· 比如酒店，要做好运营，最难的不是设定标准，而是标准制定后对服务质量的控制。

· 比如房地产，要做好运营，最难的不是拍地、设计、建设、销售等步骤，而是模式设计，是“快周转”还是“精运营”。

再进一步讲，你对职位本身也要有敏感度：

· 比如销售，比较难的是成交环节。

· 比如生产，比较难的是对次品率的控制。

· 比如财务，比较难的是做平报表。

对象给出的回答，往往是模糊、笼统、不具体的。
这时，你需要不断深入地挖掘细节，如同用放大镜去探测一样。
获得真正有效的信息，是追问的目的。

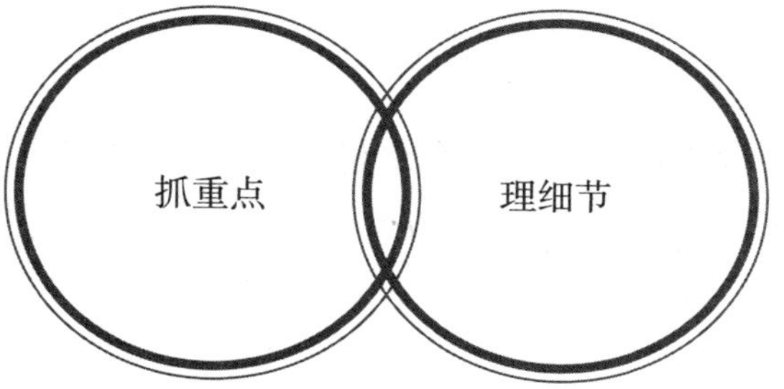

图 4-8　追问的技巧

譬如人员培养的案例，要对如何培养、培养中遇到的挫折，保持敏感；技术改进的案例，要对为何改进、改进的效果，保持敏感。对这些难点的理解，可以帮助你去做访谈中的引导，从而找到问题的解决方式。当然，具体到各个行业、企业的难点可能有所差异，但有类似的地方。

再说人际敏感度。在做 FBEI 时，要能够感受到访谈对象是不是真的把故事陈述清楚了。如果访谈者感觉到访谈对象敷衍了事或是有所隐瞒，就需要进一步深挖问题的核心。隐瞒的表现如图 4-9 所示。

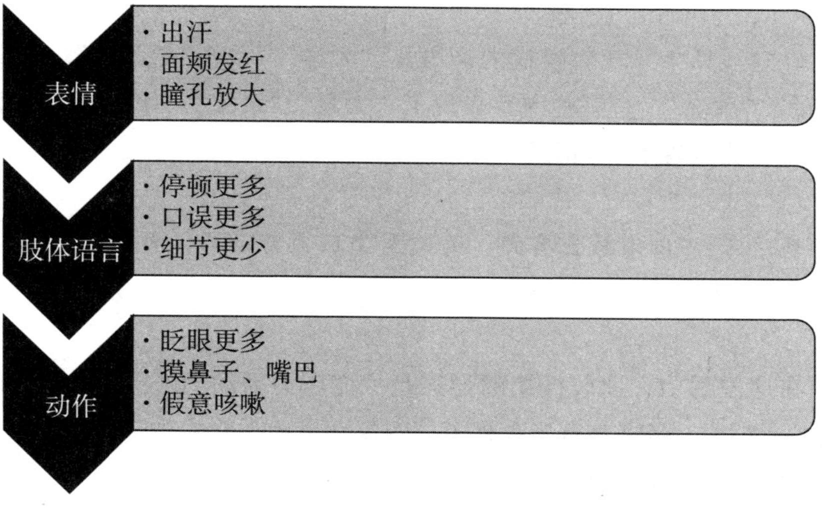

图 4-9　隐瞒的表现

这种敏感度，一方面需要经验；另一方面可以通过对访谈对象的肢体语言判断出来。常见的信号有：眨眼较多、语调明显发生变化、描述具体细节更少、肢体移动更多、出汗等。当出现这些信号时，需要果断地澄清问题，换一个角度了解细节。

第二，“理细节”。

被访者在陈述一件事情时，往往会跳过重点，去繁就简，因此得到的画像往往是模糊的、只见轮廓的。这时候需要对一些含糊的词语进行追问，这些词语包括“动词”“名词”“形容词”“副词”。

表达一：“在二手书交易中，经常遇到不太客气的同学，我的策略一直是不卑不亢。最关键的是姿态，把姿态放得太高和太低都不好。”

在这段话中，比较模糊的词语是“不卑不亢”“姿态”。什么是“不卑不亢”，是哪些行为表现了“不卑不亢”？什么是“姿态”，是哪些行为表现了“姿态”？

表达二：“当时的实验数据非常落后。但是难点在于如何完善这些数据呢？这需要大量、系统的工作，所以最好的办法是充分调动每个人。”

在这段话中，比较模糊的词语是“大量”“系统”“调动”。什么是“大量”“系统”，是哪些内容表现了“大量”“系统”？什么是“调动”，是哪些行为表现了“调动”？

表达三：“压力总会有的，关键是变压力为动力，要知道，我最擅长这些。”

在这段话中，比较模糊的词语是“变压力为动力”。如何才是“变压力为动力”，是哪些行为表现了“变压力为动力”？

表 4–12 为针对回答，罗列的追问案例。

表 4–12　追问

含糊的回答	追问的方式
这个办法的效果很好	举例：这个方法具体有什么效果
一般来说，我都可以自己应付新的工作，不需请教别人	请具体说明：哪些情况，你可以应付；哪些情况，不可以应付需要向谁请教，请教什么问题
即使我很忙，有时仍会帮同事工作	“有时”具体指什么情况 会帮助同事做哪些事情
我们真的做了很多策划工作，确保计划顺利开展	请问你具体做了哪些工作 你的工作对计划的开展有什么作用
我大部分时间都能够应付所需处理的工作	“大部分时间”具体怎么理解 你处理的工作具体包括哪些内容 有哪些工作你不能应对
我肯定做的工作比我的本职工作多	你所做的工作具体有哪些，请说明 你所处岗位的工作职责有哪些
我认为，我的想法对两个小组的合作有很大影响	请具体说说你提出了什么想法 在小组合作中有没有被采用
从那次起，我决定不再自动请缨参加一些从前不曾担任的计划	请具体说一说，你不会参加哪些计划 为什么不参加，你是怎么考虑的
如果我是经理，我会用不同的方法处理表现欠佳的员工	在实际工作中，你采用哪些标准来判断一个员工的表现 请具体谈一谈采用哪些方法来处理

从表 4–12 中可以发现，追问可以分为两大类：一类是“明追问”，也就是看上去明显的模糊内容。如“我肯定做的工作比我的本职工作多”这个回答，第一问“你所做的工作具体有哪些，请说明”是明追问。另一类是“暗追问”，也就是针对回答中暗含的假设前提，进行提问。如刚刚的第二问，“你所处岗位的工作职责有哪些”。各位读者还可以找找案例中的追问有多少是“暗追问”。

关于“理细节”，再讲一个例子说明如何澄清胜任力项。以“管理能力”为例，提到管理能力，顾问要澄清的有两部分。首先是“管理能力”的定义，这个定义是“激发愿景”“团队融合”“培养下属”“授权支持”还是“目标管理”，彼此之间是有差别的；其次是澄清“管理能力”的层级，要进一步澄清高等级行为是技巧的丰富性、格局的宏大，还是意志的坚韧。当然，有的时候是多面复合，既有技巧，也有意志和格局。关于分层在本书第七章中讲解。

并不是一句话中的所有词语都需要澄清，重点需要抓住事物的起因、源头、行动和达成的结果，特别是行动和结果，是需要予以重视的。

第五节 焦点小组

接下来讲讲焦点小组（Focus group）在建模领域的应用。Focus group 本来是一个市场调研方法，不是专门用于人力资源领域的。它是一种定性调研和评估方法，可以帮助收集员工的反馈（建议、意见、想法等）。它同访谈和问卷调研相比，主要优势在于：

· 可以获取比问卷调研更广泛和有深度的数据。

· 成本较低，可以一次性接触到多个个体并获得信息。

缺点在于：

· 容易受到群体性思维的影响，导致可能忽略内驱力和思维方式的胜任力。

· 会议质量在很大程度上依赖引导者的水平。如果说访谈的质量控制不好，只是影响一个人的结果；而焦点小组的质量控制不好，就是影响一群人的结果。

焦点小组的效果要好于问卷调研，但是弱于访谈。

同战略演绎研讨会相比，焦点小组的优势在于：

· 时间更短。

· 引导的过程较短，迅速进入岗位所要求的胜任力，不会过度拘泥战略。

· 参与的人员更少，职级较低。

如图 4-10 所示，关于焦点小组的讨论流程，同敏捷建模的流程基本一致。不同有两点：

· 敏捷建模有卡片，而焦点小组没有胜任力卡片。

· 敏捷建模以团队列名法为引导方法，而焦点小组没有一个固定的引导方法，主要以座谈会的方式进行。

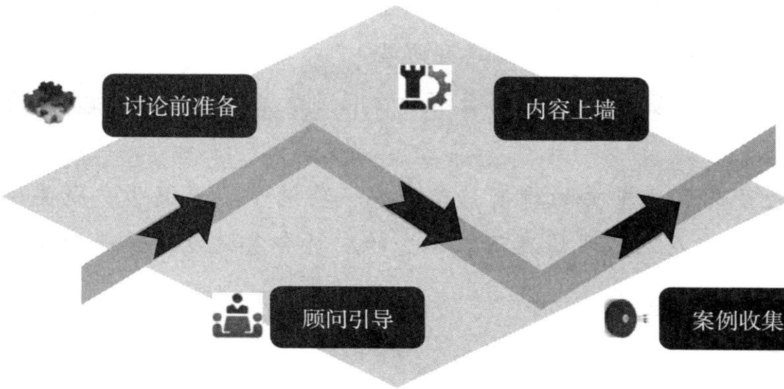

图 4-10 焦点小组讨论流程

列举一个可供参考的焦点小组主持提纲：

开场白：

· 自我介绍。

· 分享背景：为 ×× 企业开发胜任力模型，从而更准确地甄选和发展主管和职员。

· 访谈目的：参与者作为内部专家，分享经验，给项目提供重要参考意见。

讨论要点：

第一部分：主管特质讨论。

· 主管的主要目标和职责是什么？考核主管工作有效性的指标有哪些？

· 主管的工作面临的主要挑战有哪些？

· 优秀的主管和普通的主管有什么区别？请从个性、能力、态度、品质等角度列举。

· 对于你认为重要的特质，能否举一些例子予以说明。简要说明背景和经过，以及在这种情况下，优秀的主管会怎么做，普通的主管会怎么做。

第二部分：职员特质讨论。

· 职员的主要目标和职责是什么？考核职员工作有效性的指标有哪些？

· 职员工作面临的主要挑战有哪些？

· 优秀的职员和普通的职员有什么区别？请从个性、能力、态度等角度列举。

· 对于你认为重要的特质，能否举一些例子予以说明。简要说明背景和经过，以及在这种情况下，优秀的职员会怎么做，普通的职员会怎么做。

期望产出：

· 岗位职责和主要挑战。

· 两个岗位的胜任力。

· 岗位成功案例（可以是简单的情境描述）。

焦点小组的要点，如何 4-11 所示。

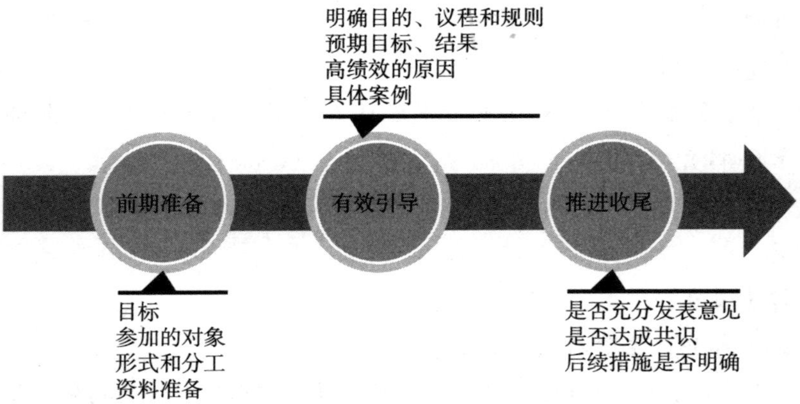

图 4-11　焦点小组的要点

笔者重点讲一讲对主持人的要求。从表面上讲，主持人需要具备以下技能：

·高度觉察，会倾听。

·有较强的目标导向，始终围绕问题。

·邀请所有与会者参与讨论，同时要会适当干预。

这些技能看上去容易达到，实际上内容远胜于表面。

主要有两个难点：一是要及时应对场上出现的难题，而你对于参与人群的关系、心态是不甚了解的。有些人可能反对这样的讨论形式，但是表面上不会显露；有些人可能正陷于某个工作上的困境，寻找解决路径；有些人可能跟会场上的有些人不对付，正在找机会挑衅；有些人可能乐于做一些学习和改变，但是不知道从哪里做起。这一切可能都潜伏在现场表面气氛活跃的状态下，作为主持人，要随时学会解决难题。有句话说，主持人实际上背负着企业管理者的怨念，参与者会把对企业、领导的不满发泄到主持人身上。

二是要把控讨论的进程，要保证话题不能跑偏，同时又有一定的深度。有一个问题是，讨论时应该讨论得多深，这要看现场情况。如果现场气氛很好，参与者可能讨论得很充分；如果现场气氛比较沉闷，结果可能会比较尴尬。笔者认为，引导者的功力在于能够控制讨论结果的下限，而放开讨论结果上限。控制下限的关键在于，能够收集到若干有效的成果。拿建模来说，一个焦点小组（1~2 小时），主持人要收集到 4~5 项胜任力、2~3 个有效案例。这些案例可能来自多个人的，也可能只来自 1~2 个人，要按照现场的情况加以调节。

在组织焦点小组时需要输出一系列的成果，可以参考表 4-13。

表 4-13 焦点小组记录表

顾问提出问题	员工的回答	案例概述	顾问的总结性归纳	提取胜任力

其中，顾问提出问题、员工的回答、顾问的总结性归纳是当场记录的，而案例概述、提取胜任力是可以在后期总结的。举个例子，如表 4-14 所示。

表 4-14　案例——焦点小组记录表

顾问提出问题	员工的回答	案例概述	顾问的总结性归纳	提取胜任力
与你之前的公司相比，员工的特点有哪些	公司业务一直在进步，虽然在初创时期，遇到中美贸易危机，还遇到新冠肺炎疫情危机，但感觉危机酝酿机遇，越是在这样的环境下，我们越发感觉到需要加倍努力去创造生存空间	面对危机，员工的应对方式	始终能够化危机为机遇	危机意识

从更深层次上讲，作为主持人必须对企业的背景、现状有充分的把握。拿现状来说，你需要了解目前企业所面临的主要挑战是什么，这些挑战不是让你一开始就发挥，而是在讨论过程中有所印证。进一步讲，主持人的知识储备、技能储备、思维深度、人格魅力构成了气场，一个有充分气场的人，可以弥补他对于企业背景、人事的陌生程度，甚至可以弥补他在某个专业方面的缺陷。

总体来讲，主持人的养成是综合的、困难的，其养成难度不亚于好的培训师。在咨询公司中，好的主持人一般是老板或是总监。可以在主持人身上看到教练、引导师的影子，甚至是心理咨询师的影子。

第六节　问卷调研

问卷调研作为一个补充的工具，对建模起着支持、验证的作用。问卷调研的效果不如行为事件访谈、战略演绎研讨会，但是因为它的执行成本较低、耗时较少，所以常常用在大中型企业的标准建模中。

问卷调研主要分为三步：问卷设计、问卷发放、问卷回收和分析。

在问卷设计方面，分两步走：一是对常见的胜任力项进行罗列；二是对问卷的引导语进行设计。在胜任力项罗列上参考了一些胜任力词典，并结合企业需要。实践中通常会罗列以下胜任力项：

· 分析思维。
· 战略思维。
· 细致管控。
· 严于律己。
· 坚持不懈。
· 勇于担当。
· 沟通影响。
· 梯队建设。
· 横向协作。
· 慧眼识人。
· 团队凝聚。
· 流程管控。
· 创新突破。
· 商业洞察。
· 抗压应变。
· 激情动力。
· 学习领悟。
· 客户导向。
· 经营分析。
· 自信乐观。
· 执行推动。

除了胜任力项本身，也需要对胜任力项定义做适当的解释，避免误解。需要注意的是，在问卷中除了以上胜任力项，还可以给领导者一些空白处，填上他们所推荐的胜任力项。然后是内容设计，通常会让领导者做两个选择：关键和重要。

· 关键：对企业发展至关重要、不可或缺的胜任力项。
· 重要：对企业发展有较大价值的胜任力项。

然后是问卷发放。在问卷发放中，建议前期通过企业人事做宣导，让参与者明确问卷填写的重要性和时效性，避免因为人为不重视，导致结果的偏离和延误。

附问卷样例：

请在以下胜任力中选择你认为关键和重要的胜任力项，通常建议选择 5 项以内。另外，你认为有需要补充的胜任力项，也可以填写。胜任力问卷调研，如表 4–15 所示。

表 4–15　胜任力问卷调研

胜任力项	关键	重要
分析思维		
战略思维		
细致管控		
严于律己		
坚持不懈		
勇于担当		
沟通影响		
梯队建设		
横向协作		
慧眼识人		
团队凝聚		
……		
你认为的其他胜任力请填在下方		

最后是问卷回收和分析。首先要找出一些填写不符合规范的问卷，例如白卷，或者是选出的胜任力项数量过多。如果用电子问卷进行填写，比如企业内部平台或者问卷星等外部平台，可以减少工作量，然后进行统计和分析。

对于每个胜任力项需要统计三项数据，即“关键”“重要”“未提及”，三者加总应为 100%。针对“关键”和“重要”，按照选择率的高低进行排序。

对于部分管理者新增的胜任力项，也要做单独统计。问卷调研统计结果，如表 4–16 所示。

表 4–16　问卷调研统计结果

	胜任力项 1	胜任力项 2	胜任力项 3	胜任力项 4
关键	客户导向	激情动力	抗压应变	
选择率 /%	42	36	32	
重要	自信乐观	执行推动	细致管控	勇于担当
选择率 /%	48	39	36	28

一般以选择率 30% 为临界点，小于 30% 的就不作为备选项。比如在案例中，“客户导向”“激情动力”“抗压应变”在“关键”中的选择率超过 30%，是问卷调研获取的胜任力项。

第五章
标准建模第三步：模型设计

第一节　编码及数据分析

结束访谈后，接下来是编码，又称为 Coding。在编码前，先要筛选和记录信息。记录有两种方式：一种是笔记，这对顾问有较高的要求，可以边访谈边记录。当然，有时候访谈会安排一位助手，助手可以负责记录。另一种方式是通过录音笔录音，回去重放记录。现在科大讯飞有一种先进的语音转文字的设备，也可以辅助记录。

在访谈中，并非所有的信息都可以编码，基本条件包括描述内容是否真实可靠、是否亲身经历、行为是否具体。凡是不符合条件的都属于不可被编码的信息。举例来说，“我们说服客户，完成了销售任务”，这既不能明确“我”起到的作用，也不能明确到底是如何说服客户、如何完成销售任务的。只有明确可编码，才能进行下一步的工作。

在访谈结束后，还要做工作总结。工作总结有两个作用：一是从直觉角度对胜任力模型的框架提出自己的观点；二是总结项目期间的得失，包括前期准备、人员安排、会议进程、访谈要点等。

正规的编码会分为两步：

第一步是咨询顾问在访谈后，通过自己的记录和回忆梳理出胜任力项。

第二步是由顾问听录音，从录音中挖掘胜任力项。有些公司的这两件事是由一个人做的，标准的做法是，这两步由不同的顾问承担。

这两步都很重要，前者因为身临其境，能够对胜任力项有侧重，抓住重点；而后者因为重点在“听”，会有查缺补漏的作用。

一、如何培养编码的能力

如何养成编码的能力，有两点很重要：一是学；二是练。学的重点是胜任力词典，比如前合益的胜任力词典，你要如数家珍；练的重点是，你要从任何对话、任何文章中准确地捕捉胜任力项。学是基础，是应知应会，而练是提升，是前进门槛。

譬如下面的一段话：

人的聪明绝不在投机取巧的技能方面，而在于脚踏实地，在于善良、勤奋、认真、守信和对正义、真理的执着追求和坚守。你可以踏上投机的道路，但绝不会因为善于投机而成功。

这段话的重点在哪里？在于句中“而在于脚踏实地，在于善良、勤奋、认真、守信和对正义、真理的执着追求和坚守”。主要有两个重点：一是“脚踏实地”；二是“认真、守信”。所以，一段话通常不止有一个胜任力项，而可能有多个。

再看一段话：

我之前正好写过一篇关于阅读障碍的文章。一个对全球最成功企业家群体的研究表明，差不多有三分之一的成功企业家与乔布斯一样患有阅读障碍。值得注意的是，这些经历过创后成长的企业家，成功后的他们通常都将这样的学习障碍看作是值得经历的困难，这样的困难给予了他们特殊的优势，他们因此成为更好的听众，并且更加关注细节。他们在经历逆境前并没有看到自己的潜力，反而因为逆境，他们准确地定位了自己。他们拥抱伤害和困顿，这是他们成为成功企业家的关键要素，他们知道，如果没有这些经历，他们也许没有办法发展出成功者所需要具备的勇气与毅力。

这段话就没有第一段话容易提炼，总体而言，会发现它的重点是“坚韧不拔”。强调如何克服困境，突破障碍。

通过上面的案例，我们会发现编码本身主要包含两个能力：对胜任力的理解、关键行为分析。编码的技能，如图 5–1 所示。

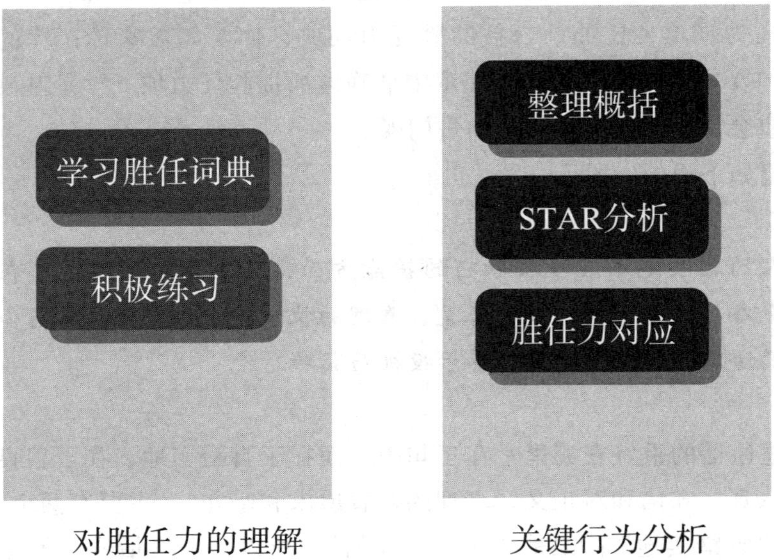

图 5–1　编码的技能

前者是基础，而后者是达成结果的关键。

二、编码能力 1：对胜任力的理解

理解胜任力就是找到胜任力和行为特质的关联，反之，你也能把行为特质和胜任力关联起来。如果笔者说追求卓越，你能联想到“设置有挑战性的工作目标”；如果笔者说“以高标准要求工作”，你能联想到“追求卓越”。这种能力是需要养成的。

胜任力和行为特质的对应有两个特点：

一是对同一个胜任力会有不同的行为描述。比如“追求卓越”，它有两个行为对应：“设置有挑战性的工作目标”和“以高标准要求工作”。为什么对应多个行为呢？因为胜任力包括内涵和外延，它的内涵——定义——是简单的，外延——行为则是复杂的。行为本身既有深度又有广度，这就会涉及分级，分级在本书第六章有详细描述。

二是胜任力的名称是多变的。在帮助客户做胜任力落地时，发现同一个行为对于不同客户，胜任力名称是有变化的。比如“关注行业、专业、公司的发展趋势”这个行为，有些企业叫“前瞻性”，有些企业叫“未来导向”。所用胜任力名称不同，并不影响胜任力背后的定义和行为，这将在本书第八章中会详述。

胜任力的名称为何不同？有几个原因：一是胜任力的语言并没有统一，虽然国内外有很多本词典，但是HR行业除了劳动法的相关领域，缺乏统一的规定和语言；二是胜任力的名称受到领导者偏好的影响，中国的词汇又如此丰富，所以面对诸多备选，各花入各眼。

要学好胜任力，一定要熟悉各种行为，也要熟悉各种胜任力名称，找到两者的对应关系。建议初学者从一些找得到的胜任力模型入手，了解、学习和掌握胜任力。另外，需要熟悉经典的胜任力模型词典，这些词典主要包括如何自我提升、前合益的千禧版词典、才能评鉴法，笔者会在本书的末尾评析这些词典。现在诸多咨询公司的词典发源于这些词典。

三、编码能力2：关键行为分析

单从访谈记录看，有的时候前后不连贯，或重点不突出。访谈者需要对访谈记录做整理和分析，这有点类似于中学时候做语文的“阅读理解”题。找到重点后，再进行要素分解。

（一）整理概括和STAR分析

这个要素分解可以用STAR概括：情境—任务—行为—结果。

案例1

原来有一个店长，在我来公司之前就已经做了8年的店长，一直做得很一般，不被重视和认可。我来之后，告诉她要么辞职，要么接受我给的挑战——调店。调店是有挑战的，3个月做得好就做，做不好就走人，她选择了后者。3个月后，她给我一个奇迹，原来销售额20万元的店3个月做到90万元，很了不起。季度会议上她告诉我：“你把我从一个垃圾堆里捡出来，并且让我重生，我很感激你。我现在不仅觉得自己有价值，还获得了尊重，原来一个月工资 3000 元，每天忙碌着，上不上班都一样，现在当我把 2 万多元拿回去后，我有了话语权，而且我知道自己能做好。”

先“画重点”，然后按照 STAR 要素分解。

这段话近 300 字，重点是什么？“一直做得很一般，不被重视和认可。我来之后，告诉她要么辞职，要么接受我给的挑战——调店。调店是有挑战的，3 个月做得好就做，做不好就走人，她选择了后者。3 个月后，她给我一个奇迹，原来销售额 20 万元的店 3 个月做到 90 万元。”对这段话又可以做要素分解，拆解为 STAR：

· S: 8 年来一直做得一般。

· T：调店，3 个月做好，或者走人。

· A+R：3 个月做到 90 万元，自信心恢复，获得家人的尊重。

在找到重点后，可以对句子结构和词语进行调整，或者直接总结。找到 STAR 以后，就做好了“关键行为分析”。

案例 2

我当时是店的督导，刚从北京出差回来就接到领导的电话叫我去上海。我行李箱还没整理就去上海了，他们的经理忽然生重病，不能处理任何工作，当时的店长、主管全部要离职，领导叫我先把团队稳定下来。我过去后，公司派了几个人支持了十几天，之后，领导叫我把这个地区接下来。当时，我的家人不同意，因为要常驻上海，而我的小孩刚断奶，但是上海这边非常需要我，我想先把这段时间挺过去。

这段话的重点在于后半段：“领导叫我把这个地区接下来。当时，我的家人不同意，因为要常驻上海，而我的小孩刚断奶，但是上海这边非常需要我，我想先把这段时间挺过去。”这段话又可以拆解为 STAR。

· S：店的经理生重病，店长、主管全部要离职；我要异地工作，而小孩刚断奶。

· T：领导叫我先把团队稳定下来。

· A+R：我想先挺过去。

值得注意的是，受限于访谈对象陈述方式和访谈者追问技巧，往往 A 和 R 是连在一起的。案例 1 没有 A，也就是没有完成业绩的具体行为，而有 R：3 个月做到 90 万元。案例 2 没有 R，也就是没有讲“是否挺过去，挺了多久”，只有一半的 A，“我想先挺过去”。如果是现场提问，访谈者需要留心这样的回答，应及时追问让案例更加完整。

（二）胜任力对应

规则 1：一对多，也就是一个事例可能对应多项胜任力。

出现多项胜任力有两个原因：一是故事较长，涉及的行为较多；二是同一个行为，可能涉及多项类似的胜任力。比如“注重长期发展，关注未来”这个行为，可以对应“战略思维”，也可以对应“大局观”。

规则 2：胜任力名称不固定。

根据行为事例所表达的含义，企业会按照自己的需要选择意思相近的胜任力，比如推进执行和执行力，重视客户体验和客户导向。不同的胜任力名称，代表的是相似的意思。

“胜任力对应”中，要根据行为特质找到相应胜任力。

案例 3

我们做吸收合并，这件事情一直是我主导在做。从去年年底最后一天，到今年 5 月份之前，我还在做着兼并业务。最大的困难就是，税务方面难度比较大，需要申请特殊的税务处理，要学习税法，告诉税务人员怎么做；接手的时候，我觉得非常有挑战性，愿意挑战和尝试；被吸收的公司，有一笔税务是交在崇明区的，这笔税务需要宝山区认可的，但是这边一直没有明确的回复。在这个过程中，我不断咨询同行，发现这不是靠关系就能解决的，通过总结同行的经验和相关的税法提交给税务局，上个月终于解决了，省了 20 多万元。

画重点：兼并时税务方面难度大，要申请特殊税务处理。我愿意挑战和尝试，不断咨询同行，通过总结同行的经验和相关的税法提交给税务局，最后省了 20 多万元。

要素分解：

· S：兼并时税务方面难度大。

· T：要申请特殊税务处理。

· A：愿意挑战和尝试。不断咨询同行，通过总结同行的经验和相关的税法提交给税务局。

· R：省了 20 多万元。

在这个案例中，可以对应“责任心”“追求卓越”“学习总结”胜任力项。因为流程较长，所以涉及的胜任力项较多。

规则 3：寻找重点胜任力。

因为可能出现多项胜任力，要学会找到关键的胜任力。

案例 4

第一次开会的时候，我就讲，确定要离职的可以马上走，你今天留下来同甘共苦了，明天就不要再提离职了。没给他们机会开小会，我就跟他们说了销售目标。有三家商场给了我们撤店通知，如果你们要做下去，肯定会给你们发展空间。我觉得主要是同理心，需要给员工提升的目标和方向。

画重点：有不少员工要离职，商场要求撤店。我需要稳住员工，给员工指明提升的目标和方向。

要素分解：

· S：有不少员工要离职，商场要求撤店。

· T：稳住员工。

· A+R：有同理心，提出目标，给出发展方向。

在这段话中对应“激励感召”“同理心”胜任力项。相比较“同理心”，“激励感召”的内容更加丰富、要求更高、更符合案例情境，所以保留“激励感召”，舍去“同理心”。

四、访谈能力

通过编码会发现对不同人选的访谈，最终得到的成果有明显差异。有些访谈对象的故事较为深刻和复杂，有些访谈对象的故事较为肤浅和简单。

这有两个原因：

（一）访谈对象本身的问题

在访谈中会发现，绩效最好的访谈者，并不一定有所谓“深刻”的成功故事，其成功可能是大趋势、大环境造成的。反倒是有些绩效次优的访谈者，在恶劣的环境下克服困难，生存下来。所以在访谈中，笔者会让绩优者推荐一些他们认为不错的同事，作为补访的选择对象。

在访谈部门总监时，或者是所谓的正职时，由于工作职责的关系，往往只能聊场面上的话，较少深入业务环节。这种情况普遍存在于一些公司中的“功勋人员”，他们在年轻时建功立业，但是年纪大后进取心不足，往往把重大事项交给副职去做。在这种情况下，也要去和副职聊，你能得到更鲜活的案例和故事。

所以，在标准建模时，经常会有两轮访谈，第二轮访谈是查遗补缺的。

（二）访谈者的追问技巧

访谈人员本身的访谈技巧，之前讲过追问的两大重点：“抓重点”和“理细节”。在实际访谈中会发现，追问的深度，也就是理细节更加重要。如果访谈者对重点不太明了，通过“理细节”，呈现层层缕缕的事实，能帮助访谈者找到重点。通过听录音，可以发现访谈中是否有可以深入的细节，还有哪些地方是否聊得过于冗长，从而帮助访谈者复盘、提升技巧。

以上主要是对技巧的掌握。另一个问题，是访谈者本身的阅历和素养。笔者在前面计划环节中讲过，越高级别的访谈对象越需要高级别的访谈者。如果访谈者的级别达不到，访谈就会变成“纪要”，你会花更多的工夫在倾听和记录上，而不是接招和拆招。在回听访谈录音时，也会发现这个问题，从而注意到安排访谈者时的疏漏。

《访谈评价表》，如表 5-1 所示。

编码完成以后，工作还没有结束。为了筛选访谈中得到的胜任力，需要把结果放在一起进行比较。通过比较两组行为数据，从而分析究竟是哪些胜任力导致绩优者的卓越行为。

在选择访谈对象时，有两种选择方式：一种方式是严格按照麦克利兰的理论，对绩优者和一般绩效者进行比较；另一种方式是仅仅选择绩优者作为访谈对象，这样可以减少访谈的工作量。

表 5-1 《访谈评价表》

访谈日期		访谈者		访谈对象		访谈录音评估者	
访谈中获取的胜任力项							
回听后是否有增补的胜任力项							
回听后是否有访谈技巧待提高的方面（追问不深入 / 没有及时打断对方 / 没有提出关键问题 / 其他）							
举例：							

五、数据分析

还有一种情况是，访谈对象都是绩优者，事先不分组，然后在访谈中，根据故事同企业战略的相关度，加以评价和鉴别。根据评价结果会分为两组：一组（B 组）是能够较好地完成职责和达成绩效，但是从他们的行为中，较少体现出企业未来的发展战略；另一组（A 组）不但能完成职责和达成绩效，而且企业未来的发展战略也在他们的行为中得到了充分体现。在胜任力模型的建立过程中，会对照这两组行为数据，分析究竟是哪些胜任力导致这些访谈对象的行为和企业发展战略相一致。

目前，三种方法都有公司用过。第一种方法操作便捷，使用的公司较多。各位读者可以根据自己公司的实际情况，选择不同的方法。

本书主要介绍第一种方法，就是挑选同样多的绩优者（A 组）和一般绩效者（B 组），然后对他们所讲的故事进行编码，比较相同胜任力项出现的频率，这会涉及胜任力区分度。

胜任力区分度 =A 组中相同胜任力项出现的频率 –B 组中相同胜任力项出现的频率

· 如果胜任力区分度高于 30%，这个胜任力项的区分度就高。

· 如果胜任力区分度小于 30% 且高于 10%，这个胜任力项的区分度就一般。

· 如果胜任力区分度小于 10% 甚至是负数，这个胜任力项就没有区分度。

绩优者同一般绩效者胜任力比较，如表 5–2 所示。

表 5–2　绩优者同一般绩效者胜任力比较

胜任力项	A 组（10 人）/%	B 组（10 人）/%
灵活应变	40	50
追求卓越	70	30
培养下属	60	20
专业造诣	80	70
沟通能力	50	20
人际理解	70	50
诚信正直	30	20

针对表 5–2 的数字，有人会问，胜任力出现的频率是如何算出的？举例来说，灵活应变在 A 组中出现的频率是 40%，那么就意味着 10 人中有 4 人在访谈的案例中都提炼出了“灵活应变”。

可以看出，在胜任力项中，有三个胜任力项的区分度高（>30%），它们分别是“追求卓越”“培养下属”“沟通能力”，另一个胜任力项“人际理解”（20%）区分度一般，还有三个胜任力项“灵活应变”“专业造诣”“诚信正直”没有区分度。

第二节 对标分析

根据演绎和归纳的结果，初步明确了胜任力项。但是，这些胜任力是否具有国内或者国际的可参考性呢？是否与企业的核心组织能力相符呢？这需要把设计工作延伸到对标及组织能力参照的工作中。

在选取标杆企业时，如果有充分的数据，通常要坚持两个筛选原则：

· 同行业类似规模企业的数据。

· 战略上的相关性，主要针对市场、产品、客户的定位。

以知名房企绿地为例，主要对标万科这样的同等规模的头部企业。但是，如果是规模较小的房企，笔者不建议对标万科、中海这样的头部企业，对标区域房企会更好。如果数据量不足，建议仍然以头部企业为主要标杆。

在对标过程中会发现，类似规模企业的相同层级、职能的岗位，其胜任力的相似度通常在 60% 以上，也会发现有 20%~40% 的胜任力是企业特有的。对标实际上有两个作用：一是检验胜任力；二是证明自己胜任力的特色。

举个对标的例子，如表 5-3 所示。

此案例是从 model pool 中选取了标杆公司进行对标，选取的原则是：

· 在数据库中已有的类似规模企业胜任力模型。

· 战略上有相关性，特别体现在价值创造、客户细分等方面。

通过对标发现，有两项胜任力在标杆企业中是常见的，也就是“横向合作”和“策略思维”。通过进一步讨论，企业决策者认为“横向合作”同该企业的发展战略关系不密切，所以在后来的胜任力模型中，把“策略思维”加入了胜任力模型。

表 5-3 案例——××企业胜任力模型对标

胜任力项	定义	知名房企1	知名房企2	咨询公司推荐
战略思维	通过对组织内外环境的分析判断，制定组织的中长期发展目标，并能把具体工作安排和整体发展目标有效结合起来的能力	★		
全局视野	思考问题统观全局，善于抓大放小，使得整体利益最大化。遇到冲突时，舍局部、取整体，舍短期、取长期	★		
横向协作	在跨部门合作时，具备比较好的开放心态，始终追求多方共赢	★	★	
运营决策	深刻理解并把握经营目标，具备商业头脑，围绕经营目标制定业务策略	★		
策略思维	擅长在沟通、谈判、管理等方面制定有效的策略；在复杂的环境下能够灵活运用多种手段有效解决问题；考虑问题审慎有深度、不会过于简化问题	★	★	★
统筹规划	具备突出的目标感，并将各类事务和问题安排得井井有条			
系统改进	建立对工作成效的监控、测量和持续改进机制；实现对工作风险的全面监控和持续改善		★	
市场敏锐	洞察所在区域市场的变化，并以此作为自己工作的行动指南	★		
客户导向	将发现和满足客户需求作为工作的出发点，主动采取行动实现和超越客户期望			

值得注意的是，在对标过程中，企业往往不能找到完全一致的胜任力项，这个时候采纳相似的胜任力项对标也是可行的。举例来说，“统筹规划”和“组织计划”、“职业操守”和“正直诚信”、“教练指导”和“辅导下属”进行对标。

第三节　确定框架并决策

一、N + X + Y 型框架

在收集了诸多胜任力后，可以确定胜任力模型的框架并最终决策。这个框架一般来说是“N+X+Y”。

· N 就是通用胜任力。

· X 是专业胜任力。在一个公司中，因为职能会划分为若干条线，比如营销、市场、物流、客服、人事等，每条线都有自己独特的胜任力，这就构成了“X”。

· Y 是针对各个不同的管理层级所定制的胜任力，比较常见的是高管胜任力、总监胜任力、经理胜任力。

举个例子，如表 5-4 所示。

表 5-4　案例——× × 企业胜任力模型

	Y		N			X					
	层级		通用			营销市场		运营生产		行政人事	
总经理	大局观念	知人善任	学习成长	敬业精神	创新思维	奋斗精神	追求卓越	精细运营	客户导向	抗压能力	人际影响
总监		战略执行	学习成长	敬业精神	创新思维	奋斗精神	追求卓越	精细运营	客户导向	抗压能力	人际影响
经理		团队凝聚	学习成长	敬业精神	创新思维	奋斗精神	追求卓越	精细运营	客户导向	抗压能力	人际影响

备注：

· N 是通用胜任力。

· X 是专业胜任力（营销市场、运营生产、行政人事）。

· Y 是不同层级（总经理、总监、经理）的胜任力。

举例来说：

· 营销条线总经理的胜任力模型是：大局观念、知人善任、学习成长、敬业精神、创新思维、奋斗精神、追求卓越。

· 运营条线总经理的胜任力模型是：大局观念、知人善任、学习成长、敬业精神、创新思维、精细运营、客户导向。

可以看出，两个模型的不同在于负责条线的不同，导致模型中最后两个胜任力有所不同。

运营条线总监的胜任力模型是：战略执行、学习成长、敬业精神、创新思维、精细运营、客户导向。

和运营条线总经理的胜任力模型相比，在层级的胜任力上有所不同。

这个矩阵结构胜任力模型的好处在于，可以把胜任力模型浓缩在一张图上，并区别其中的不同。为了便于学习，表 5-4 笔者列举得比较细，有时候胜任力模型中的 N 和 Y 会合并起来表示，大家要学会辨别。

二、递进型框架

递进型框架的特点是：

假设 A 胜任力模型有 n1,n2,n3……个胜任力，B 胜任力模型有 m1,m2,m3……个胜任力，那么 n1-m1，n2-m2，n3-m3 呈现递进关系。

×× 企业销售经理的胜任力模型如表 5-5 所示。

表 5-5　案例——销售经理的胜任力模型

资源整合	行为等级	行为表现
把企业内部的职能和企业外部的合作伙伴整合为一个系统	待发展	不能充分利用社会资源，无法借助他人的力量
	胜任	利用社会资源，借助他人的渠道、技术等，通过分工和协作，提升竞争力
	优秀	充分利用各种社会资源，借助他人的渠道、技术、资金等，通过紧密的联合协作，提升竞争力

续表

关系管理	行为等级	行为表现
协调各利益方的关系，增进理解、减少对抗或摩擦，调动各方合作的积极性	待发展	采取部分行动平衡协调合作伙伴之间的冲突关系，我行我素，任凭复杂或对立的关系或矛盾恶化
	胜任	询问各方关注的立场，梳理各方对立要点，分析背后原因，提出解决方案，说服各方采纳接受
	优秀	仔细询问各方关注的立场，有效梳理各方对立的要点，同时认真分析背后的原因，还原事件；提出行之有效的解决方案，耐心说服各方采纳接受
商业敏锐	**行为等级**	**行为表现**
及时捕获商业机会，迅速调整营销模式	待发展	有关心商业环境的变化，但是未能从中发现和把握机会，开展新的市场营销活动
	胜任	从客户行为及市场、竞品、行业和国家政策的变化中，发现商业机会，优化商业模式，改进盈利方式，调整营销策略
	优秀	总是注意收集各种信息，善于从客户行为及市场、竞品、行业和国家政策的细微变化中，见微知著地发现商业机会，调整和优化商业模式，并且立即落地执行调整后的策略，取得较好的效果

再来看该企业销售主管的胜任力模型，如表 5-6 所示。

表 5-6　案例——销售主管的胜任力模型

资源协调	行为等级	行为表现
同各方沟通交流，为资源整合提供支持	待发展	执行协调工作行动缓慢，不到位
	胜任	愿意接受协调任务、快速行动，立即执行；在协调过程中遇到挑战或困难，迅速协调，马上行动去解决
	优秀	在理解工作任务的目标及内容后，不讲条件、不打折扣地执行工作任务；在协调过程中如果遇到挑战或困难，总会同各方进行协调，并且落实新的解决方案
关系建立	**行为等级**	**行为表现**
采用有效且适当的方法与他人进行交流，有效传递信息	待发展	将自己的想法单向传递给对方，不给对方机会回话，只顾自己说
	胜任	采用灵活的方式与他人沟通思想，交换意见，获得对方的理解和接受
	优秀	经常采用对方乐意的方式与对方谈话或书写文字与对方沟通思想，交换意见，获得对方的理解和接受，使得对方乐意执行

续表

营销策划	行为等级	行为表现
设计、制订、复盘营销方案，提高执行的质量，促进客户进店了解产品	待发展	依据市场变化提出营销活动，活动效果不明显
	胜任	依据市场的变化及客户关注点的升级，组织销售伙伴策划并且落地执行市场营销活动，吸引客户入店
	优秀	依据市场的变化及客户关注点的升级，组织销售伙伴策划并且落地执行市场营销活动，吸引客户入店，同时每次的市场活动都进行事先的计划、执行中的监管及结束后的复盘总结经验

从表 5–6 中会看到销售经理和销售主管的胜任力模型都由三个胜任力项组成：

销售经理的胜任力模型组成：

· 资源整合。

· 关系管理。

· 商业敏锐。

销售主管的胜任力模型组成：

· 资源协调。

· 关系建立。

· 营销策划。

通过浏览他们的定义和行为等级，会发现这三对胜任力项之间有相互递进的关系。

资源整合——资源协调。

关系管理——关系建立。

商业敏锐——营销策划。

前者是后者的升级，后者是前者的基础。

再举一个例子，说明相同条线不同层级的胜任力递进关系。

× × 企业管理层胜任力模型（部分）：

基层：积极进取。

中层：成就导向。

高层：自我突破。

这三层从追求成就上来说，行为是递进的。还有一种是相近层级间的胜任力，行为递进不明显。举个例子：

基层：结果导向。

中层：推动变革。

高层：战略思维。

这三个层级的胜任力就不是递进的。胜任力是否要有一个明确的递进，笔者认为取决于层级间的职责是否类似，且有明确的人才梯队关联。如果三个层级是销售顾问—销售经理—销售总监，由于职责差距不大且是人才梯队关系，可以用递进的方式。如果三个层级是基层员工—部门总监—事业部总经理，这个职责和职级差距有些大，就不适合用递进的方式。

另外，如果要用递进的方式，在定义、行为等级方面，都要有严格的递进关系。这会对顾问有额外的要求，笔者通常不建议用这种方式。

三、多角度递进框架

最后来讲第三种框架，是从“自我管理”“人际交往”“业务管理”“团队管理”等多个角度逐次递进。这种方法实际上是从敏捷建模引入的方法。胜任力在不同层级中的分布如图 5-2 所示。

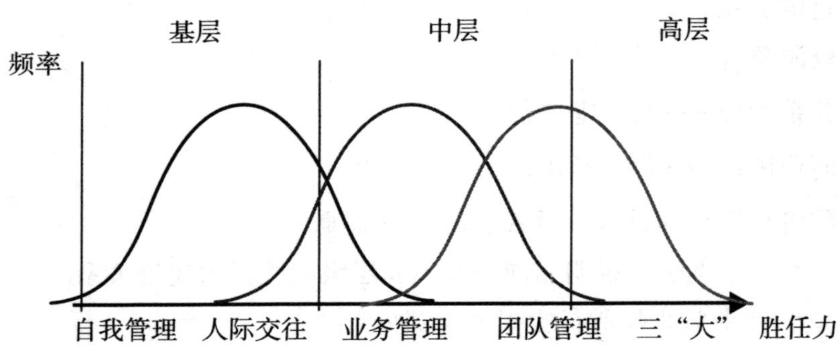

图 5-2　胜任力在不同层级中的分布

举个例子：

· 自我管理类胜任力：严于律己、细致严谨、自信乐观、抗压应变。

· 人际交往类胜任力：客户导向、善解人意、关系构建、谈判能力。

· 团队管理类胜任力：慧眼识人、激励感召、梯队建设、以身作则。

· 业务管理类胜任力：风险管控、流程管控、执行推动、精细运营。

· 三“大”胜任力：战略思维、拥抱变化、创新突破。

分成这五个类别后，根据不同层级使用不同类别的胜任力。比如：

基层：自我管理类、人际交往类。

中层：团队管理类、业务管理类。

这三个框架是建模中常用的。到底用哪一个框架，取决于企业的规模和需要。

如果是集团类企业，条线多，分（子）公司多，推荐用第一个框架。

如果是中小规模企业，第二、第三个框架比较适用。如果企业还没有构建胜任力模型，计划为某个专业条线构建胜任力模型的话，推荐用第二个框架，层级递进明显，有助于人员筛选和培养。

如果企业对胜任力模型的专业度要求不高，打算先建一个胜任力模型之后再优化，推荐用第三个框架。

那么，胜任力模型到底要用几个胜任力项？笔者建议 5~8 项为宜，太多不利于聚焦重点，也不利于后期的人才管理和人才发展。

明确框架后，如何判断选择哪个胜任力呢？到底哪个方法更重要呢？

前面提到建模的方法包括战略演绎研讨会、高层访谈、战略文件收集、绩优人员访谈、焦点小组、外部标杆分析等。一般认为，战略演绎研讨会、高层访谈、绩优人员访谈、外部标杆分析等方法重要性较高，而焦点小组、问卷调研等则较为次要。

从图 5–3 可以看出，演绎有好几种方法，既重要且难，所以演绎要做好并不容易。尽管演绎的工作量比绩优人员的访谈要少，但是论绝对难度，要高于绩优人员访谈。既然战略文件分析、问卷调研这样的方法不重要，是不是可以不做？笔者的建议是，工作要像三明治一样，难易结合，简单的方法会有效降低整个项目实施的难度，同时也可以对其他方法得到的结果进行佐证。

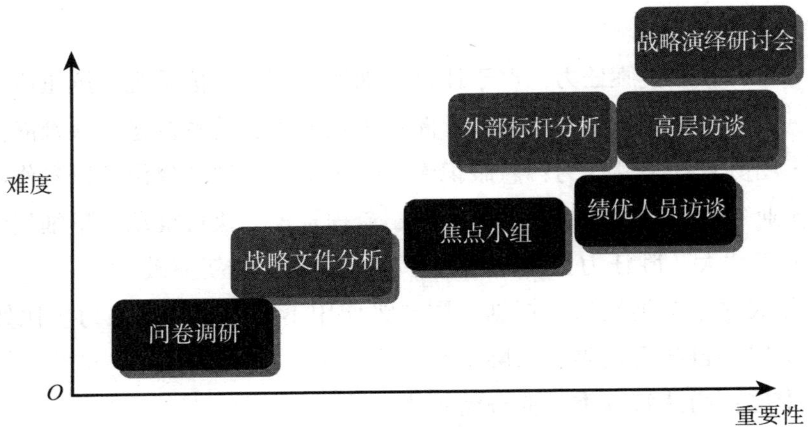

图 5–3　建模方法比较

群体参与的方法要和单体参与的方法做补充。比如焦点小组可以和绩优人员访谈做补充；问卷调研可以和高层访谈做补充。不同类型的方法可以有效弥补彼此的弱点，从而提高整体项目的质量。

推荐在标准建模时，重要性较高的几种方法都要用到，提升项目的可靠性。

综合决策时，有两种方法：

一种是六四法，也就是来自演绎的胜任力项有 60%，来自归纳的胜任力项有 40%。在具体建模时，参考当时的情况做决定。为何来自演绎的占比会高呢？因为胜任力需要紧密结合公司战略，如果两者不能有效地结合，那么胜任力同长期绩效的关联度就会下降，也不能起到对人才标准的指导作用。而同公司战略的相关性，只有在演绎中才会体现。

另一种是重要性分析。笔者建议将建模的主要方法，包括战略演绎（战略演绎研讨会和文献分析）、绩优行为访谈、问卷调研、焦点小组、标杆分析等方法得出的胜任力放到表格中，然后进行重要性分析，最后经过高层决策。

案例如表 5–7 所示。

表 5-7　案例——胜任力重要性分析

胜任力	战略演绎	绩优行为访谈	问卷分析	焦点小组	标杆分析	重要性	决策
结果导向	○	○	×	○	×	中	
灵活应变	○	×	○	○	○	中	
服务意识	×	□	○	×	×	低	
沟通能力	○	○	○	×	×	中	
推动变革	○	○	○	×	○	高	
开放主动	○	○	□	×	×	中	
战略大局	○	○	○	×	○	高	
细节管控	○	×	○	□	×	中	
横向协作	×	□	○	×	□	中	
资源整合	○	○	□	○	○	高	
激励感召	○	○	□	×	×	中	
风险意识	○	×	×	×	□	低	

注：○ **充分体现；□ 部分体现；× 基本未体现。**

胜任力重要性为高的条件有两个：

· 胜任力项至少在四个方法中是充分体现。

· 该胜任力在战略演绎和绩优行为访谈中都是充分体现。

胜任力重要性为中的条件有一个：胜任力项在三个环节中，是充分体现或部分体现。

其他情况，重要性为低。

通常而言，在重要性分析中战略演绎、行为访谈的权重列为高，而其他方法列为一般。当然，也可以按照实际情况调整权重。

第四节　细化胜任力模型

锁定框架和胜任力项后，接下来就是完善胜任力项的定义、行为特征、层级和案例，这有点像大树先确定基干，然后抽枝发芽、长出绿叶。

- 定义：对胜任力的内涵做清晰的描述。
- 行为特征：具备胜任力的人群所体现的外显行为。
- 层级：对胜任力的等级划分，通常为 3 个等级。
- 案例：通过情境化事例，表现出目标岗位所需要具备的胜任力。

一、定义 – 行为 – 案例

前面提到，层级并非胜任力所必备的。如果用洋葱模型来表示胜任力，从内涵到外延依次是定义—行为—案例，逐次扩大。

定义描述要精练和简洁，行为要以常见的行为为主，案例则要情境化，符合 5W1H 的原则。

胜任力：狼性精神。

定义：对事业充满热忱，专注高标准地完成每个项目。

行为：

- 对工作充满热情，并展现出冲劲。
- 愿意接受挑战，敢于承担责任。
- 对自己的工作有很高的要求。

案例：

最困难的是，三个商场同时下了撤店通知，其中两家是重点店铺。我还写了提升计划给商场的领导，如果剩下2个月的时间业绩有起色，就给我们一次机会。我每天驻店，带着当地的一个店长，天天泡在这三家店，把业绩慢慢带上去了。下班了我给店员发短信，叫他们路上小心点。到双休日，他们是很难有吃饭时间的，我就叫文员安排好他们吃饭的事情。人性化管理的同时，又提了一个机制，销售排名靠后就淘汰。办事处很多流程重新梳理过。我把这些事情处理好，把业绩做起来，保留了店铺。

这个案例用5W1H进行解析：

· When：剩下2个月。

· What：把业绩做起来，保留店铺。

· Why：三个商场同时下了撤店通知。

· Who：我和当地的店长。

· Where：当地。

· How：写提升计划，每天驻店，人性化管理，淘汰制，梳理流程。

从案例中可以看出，主人公每天坚持到岗，对工作有热情，高标准严要求，同时也敢于面对挑战，同行为高度吻合。

案例收集是一项重要的工作。案例收集至少有三个作用：

一是案例可以作为行为的说明和佐证。

二是案例可以作为培训时的标杆参考。

三是可以作为企业文化宣传的正面代表。

不少企业就专门收集优秀案例作为杂志的宣传资料，或是作为企业文化的宣传资料。关于案例，在本书第八章中还会详述。

一个好的案例，背后除了当事人意志和行为的作用外，还有一系列资源的配合。现在都在说赋能，笔者认为赋能最关键的是给予资源上的支持，包括权限、资金、设施、人员方面。不少平台尽管口口声声说要“赋能团队”，却吝啬资源的匹配，最终导致小作坊里飞不出“金凤凰”。

二、胜任力的分级

胜任力分级是从前合益流传下来的。现在不少咨询机构已经不采用或较少采用分级的方式。到底是分级好还是不分级好，笔者认为两者各有优劣势，没有一定的答案。

在分级的具体方法上，主要有以下几种方法：

第一，从“范围”分级。如影响团队的数量、完成的业绩、时间等可以量化的角度进行分级。

比如才能评鉴法中“弹性（FLX）”这个胜任力，对于行动速度的分级有：

- 长期、深思熟虑或计划性的改变（超过一个月）。
- 短期的改变计划（一周至一个月）。
- 快速改变（一周之内）。
- 急速改变（一天之内）。
- 立即行动或决定行动。

由此可以看到行动速度主要由时间的长短来决定。

再来看“团队合作”胜任力的分级：

- 3~8 人的小型、非正式群体，可能包括社交或友谊性质的群体。
- 任务小组或暂时性的团队。
- 进行中的工作群体或小型部门。
- 大型的部门（16~50 人）。
- 大公司的部门，或是整个中型公司。
- 较大型的公司。

分级明显和团队规模的大小有关。

第二，从“深度”分级，或者叫“意识－行为”，从有意愿到表现为行动。

所谓“深度”是一种认知升级，就是从表象到理论，从意识到行动的转化。结合前合益千禧版词典和才能评鉴法来看对“培养下属”这个胜任力项如何分级。

前合益千禧版词典：正面评价—传授方法—讲解道理—提供反馈。

旁边有一条备注：“衡量：针对冰山下不同层次进行的培养。”所以，非常明显HAY的分级方法是由技能到原理再由原理到价值观的逐层影响。

再来看才能评鉴法：表达期待—详细指导—给予理由—基于培养回应—安慰与鼓励—进行长期指导—创造新的训练方式—充分授权—奖励良好的发展。

才能评鉴法前面的分级和HAY千禧版有相同之处，后面则开始往授权和奖励的方向走。

通过以上可以得出结论，通常有两种方法用于胜任力分级：一种是“深度”法，就是结合冰山理论，从“意识－行为”的改变；另一种是“程度”法，就是在技能和范围上逐层扩大。前者适用于与个性、动机、价值观相关的胜任力，后者适用于同知识、技能密切相关的胜任力。

以上是对胜任力分级的具体指导。在胜任力分级上，还可能遇到哪些问题呢？

问题1：层级划分没有明显的递进。无论是在深度上还是在程度上，递进不明显，甚至意思有偏离。

举例1：组织协调。

◆ Lv1　有效对资源进行分配，保护项目开展。

◆ Lv2　充分利用资源以保障项目有序开展和达成目标。

◆ Lv3　高效利用资源以确保工作开展，且在处理组织内外部矛盾过程中，获得大多数人的拥护与支持。

◆ Lv4　高效利用资源以确保工作开展，发现组织内隐藏的问题或矛盾，提出相应的解决方法或应对策略。

这个胜任力层级划分，关键点在于“利用资源”和“效果”上。在前两个层级意思是有递进的，区别在于“有效利用资源”和“充分利用资源”上，以及“保护项目开展”和“保障项目有序开展和达成目标”。但是在 lv3 和 lv4 这两层，没有发现“利用资源”的程度差异，仅仅停留在“高效利用”，在“效果”上递进不明显。如果 lv4 不仅写“发现组织内隐藏的问题或矛盾，提出相应解决方法或应对策略”，还写“有效提升了组织的合力”，那么这就是一个明显的递进了。

举例 2：学习能力。

◆ Lv1　在专业方面展示基本的知识，使这些知识有效地用于实践。

◆ Lv2　与他人分享经验，并在公司众多的建议中，使自己的提议与众不同，能够被执行。

◆ Lv3　利用本专业范围外的知识来提升业务。

◆ Lv4　在公司工作范围外寻找机会以提高自己新知识的水平，可通过在专业媒体上发表相应文章来展现自己在这方面的能力。

这个胜任力层级划分，Lv1 到 Lv2 是递进的。学习知识的方法有明显的不同，成果也有明显的不同。但是从 Lv3 起，内容不再聚焦“学习方式”和“学习成果”，而只聚焦“学习方式”，如“本专业范围外的知识”或者“在公司工作范围外寻找机会”，不注重知识在工作中的实际运用和效果。

问题 2：层级划分时，行动较少，抽象描述偏多。

举例：责任心。

Lv1 工作的完成情况以上班时间为界，对未完成的工作拖拉，找借口。

Lv2 对待工作认真负责，尽量在规定的时间内保质保量地完成。

Lv3 合理安排并规划自己的工作，对于未完成的任务勇于承担责任，并主动解决。

Lv4 以公司为家，事业心较重，对于自己和部门的工作，甚至公司未来的发展方向等问题主动进行思考，并以此为己任，感到自己责任重大。

这个胜任力的前三层，都有明确具体的行为。但是在 Lv4 中“以公司为家，事业心较重，对于自己、部门的工作，甚至公司未来的发展方向等问题主动思考，并以此为己任，感到自己责任重大”，以上较多是抽象描述，具体行为较少。

第五节　胜任力模型的检验

在正式提交前，项目组需要检验胜任力模型。笔者觉得至少要符合五个标准，如图 5-4 所示。

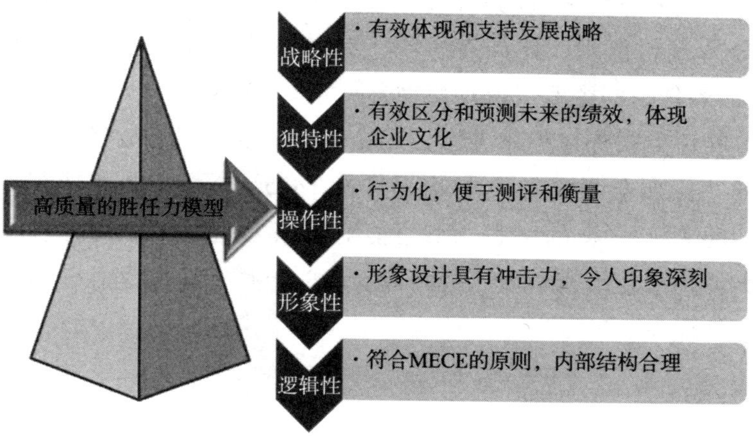

图 5-4　胜任力模型检验标准

一、战略性

胜任力能否体现企业使命、愿景及战略？能否体现不同职能的战略意义？

首先，使命和愿景属不同的范畴，使命是更加长远的目标，是一家企业一生为之奋斗的目标，比如“使人类生活更美好”。而愿景是 5~10 年，公司期望达成的目标和状态。

使命是宏观的，愿景是微观的；使命是概念性的，愿景是目标性的。通常使命是描绘梦想的，愿景是通过 5W2H 对梦想做定义的。这两者有清晰的划分。举例来说。

格力的使命和愿景：

使命：弘扬工业精神，追求完美质量，提供专业服务，创造舒适环境。

愿景：缔造全球领先的空调企业，成就格力百年的世界品牌。

中海的使命和愿景：

使命：我们经营幸福。

愿景：成为卓越的国际化不动产开发运营集团。

在陈述企业使命和愿景的时候，也是在提炼企业的价值观。胜任力中需要充分体现价值观，比如有一家正在转型的车企强调“互联网思维”，这样的胜任力同企业价值观相吻合。

但是，胜任力在陈述战略方面，存在先天不足。因为战略是目标性的、具体的，比如企业要在 ×× 市场保持 Top5。用胜任力来形容，只能用“追求卓越”之类的字眼，不可能对战略有定量定性的分析。所以，胜任力往往只能形容“质”，而不能描述“量”，这既是胜任力的缺点，也是它的优点。

二、逻辑性

胜任力模型的内部结构是否合理？是否符合逻辑？胜任力之间是否存在重叠？

胜任力模型要符合 MECE 原则。这方面，笔者提议可以用两种方式去衡量：一是“人际—思维—动力”三维度，看看胜任力是否在某个维度重复出现，比如沟通协调和人际敏感度，这两个胜任力是高度重叠的，同属于“人际”维度；二是依照“自我管理”“团队管理”“任务管理”“经营管理”的方式划分，查看胜任力是否在这些维度中重复出现，比如目标导向和推进执行，都属于任务管理。

胜任力虽然高度分化，但从总体上讲还是有章可循的，基本上可以追溯到 20~30 条最基础的胜任力项。

三、形象性

胜任力模型的形象设计是否具有冲击力？标签是否令人印象深刻？

在构建胜任力模型后，要在 VI 上体现较强的设计感。因为胜任力多是抽象的，为了便于公司员工记忆、理解和应用，就要在 VI 上多下功夫。在本书第八章中将会详述。

四、操作性

胜任力是否较多描述动机、思维模式、价值观，而不包含对行为和结果的描述？是否易于测评？是否存在模糊难以量化的描述？

常说胜任力难以落地，在对胜任力定义、行为层级的描述中，是否可以通过对行为的具体描述，来帮助管理者和 HR 理解和应用。笔者觉得这在《才能评鉴法》一书中写得比较详细，关于行为的频次、范围和影响，都有比较深刻的描述。举例来说：

主动性（INT）的层级中对时间有清晰的界定：

A4——提前 2 个月采取行动，通过努力来开创机会或减少潜在问题。

A5——提前 3~12 个月采取行动，在问题尚未浮现的时候，采取措施避免未来危机发生及创造良机。

A6——提前 1~2 年采取行动，避免问题发生及创造良机。

其中对于主动性的行动时间有比较清晰的描述，体现了较强的操作性。

五、独特性

胜任力定义、行为描述是否反映了企业文化？是否存在区分度？

独特性在建模中尤为重要，这一条和战略性类似，是标准建模和敏捷建模的分水岭。敏捷建模和标准建模的最后结果可能只差 20%，其他 80% 都是相像的。而所使用的成本，后者可能是前者的 4 倍，所使用的时间，后者可能是前者的 10 倍。那么，有人会问这样是不是值得，笔者认为，这差异的 20% 恰恰体现了企业人才标准的独特性，体现了企业文化的精髓。

如果你构建的胜任力模型符合以上五条标准，则通常能通过客户的考验。

举几个具体的胜任力模型案例，来说明如何检验胜任力模型。

案例 1 如表 5-8 所示。

表 5-8　案例——×× 企业胜任力模型 1

胜任力项	行为标准
制定目标与计划	根据公司战略目标、策略和方针，与相关人员共同确定部门中短期工作目标及执行优先顺序
	根据目标及执行优先顺序制订工作计划与预算，保证对上级目标的继承性和对部门工作的牵引性。预算必须充分考虑质量、成本、进度
	充分考虑计划执行过程中的风险要素，提出应急预防措施
组织氛围营造	在团队中敢于承担责任，善于倾听他人意见与批评，敢于批评与自我批评
	对流程及部门中的问题敢于陈述己见；善于引导、听取、整合不同意见，推动组织进步
	在部门之间的利益发生冲突时，以公司利益为重，不推诿，积极反映问题并协商解决
组织实施工作计划	按计划分配任务，并对下属的工作计划进行指导与监控，对变化及时做出反应
	为了实现工作目标，有效协调和利用人、财、物等公司资源
	通过预算管理，及时监控与评估部门工作

续表

胜任力项	行为标准
营造管理环境	严格按照公司的标准甄选干部
	积极组织实施干部梯队培养计划，在组织内部形成干部后备队伍
计划执行和监控	对计划执行监控点进行审核、分析和评估
	根据分析的结果，制定相应措施以减少不利影响，及时协商和实施补救措施，必要时及时修改调整计划报上级部门批准后执行
	对计划实施的结果进行评估，并提出可操作的改进措施
执行效果评估与改进	对目标的完成情况及存在的问题进行总结评估，通过投入产出分析提出绩效改进目标
	根据绩效改进目标与相关人员讨论制订绩效改进计划，改进计划必须具有可操作性
有效沟通	建立例会制度，上下级之间的定期沟通，让员工明确自己的任务、目标、责任及考核标准
	在工作中以积极的心态接受优胜劣汰的事实，帮助员工正确面对挫折和失败
流程建设	组织并参与跨部门流程制定，关注流程监控点的设置，推动部门成员理解并贯彻执行流程，不断地把有效运作的流程、规范、制度及时固化
	实行走动管理与工作过程监控，并不断地将例外管理规范化，促进管理的职业化发展
流程优化	监控和评估部门活动，适时提出流程优化方案，更好地满足业务需要
	与相关部门及决策者讨论并通过流程优化方案
	执行流程优化方案，不断获取流程运行中的有关信息，并不断进行分析和评估，提高流程效率
部门协调	制定部门目标时，以全流程绩效牵引本部门的工作，既要考虑对公司战略目标的贡献，也要考虑对相关部门与相关流程的贡献
	积极响应相关部门提出的配合要求和改进建议，及时反馈结果，保证对相关部门的业务支持
培养下属	给予下属发挥能力的机会，在工作中传递压力，在实践中锻炼干部
	对下属进行有效培训和沟通，与下属共享管理经验
	做好团队教练，善于发现员工的长处，正向引导；及时指出员工的不足，帮助其改进

这个胜任力模型的主要问题在于：

· 胜任力条目过多。

· 胜任力的内容有重叠，没有完全符合逻辑性。比如“组织实施工作计划”和“计划执行和监控”都谈到对计划进行监控。

· 整个模型更像行为守则，而不像胜任力要求。同企业文化的结合性弱，独特性不强。

如果把意思重叠或相近的胜任力项合并，可以重新整合为目标设定和实施、效果评估和改进、流程建设与优化、培养下属、跨部门协调、营造组织氛围六项胜任力。同时，要着力提炼公司企业文化的内容，以体现在胜任力模型中。

案例 2 如表 5-9 所示。

表 5-9　案例——× × 企业胜任力模型 2

培养与辅导	指导帮助	为组织成员实践学习创造更多机会，使得他们有更大的成长空间
	教练	善于通过聆听、探究及发问，帮助对方理清头绪，帮助别人找到自己的答案
	建设学习型团队	在组织中培育出新颖且具影响力的思维模式、问题解决模式和实践案例
团队合作	全局意识	以组织发展大局为重，在必要时能勇于奉献，牺牲局部和“小我”利益
	合作精神	能够以欣赏、信任和支持的心态对待团队伙伴，共同为团队目标做出努力
学习成长	经验的开放性	愿意以各种方式分享对他人工作有用的信息或者经验
	反思与总结	不断学习企业管理和运营各方面的知识（如财务、市场、营销、策划等）
	学习能力	积极主动地掌握自己所缺的知识与技能，除了接受公司组织的学习和培训外，还主动寻找其他的学习途径和渠道
情绪与压力管理	承压能力	坚持做自己认为对的事，不到最后不轻言放弃
	复原力	坚持以终为始，以最终目标来激励自己往前，将困难和挫折看成是实现目标过程中必不可少的因素
	沉着冷静	清晰地意识到自己的行为，注意言谈举止；有效控制自己的不良情绪，保持积极乐观的心态，不会采取消极的行为

续表

沟通与协调	同理心	能够真正站在当事人的角度，设身处地去感受和体谅他人，引导对方将自己内心的想法、感受说出来
	冲突管理	提供创造性的解决问题的方案来平衡每个参与者的需要
	倾听	遇到问题广开言路，虚心地听取各方意见，综合后再下结论
激励	鼓舞士气	使组织成员切实参与组织发展，从而获得强烈的参与感、成就感、主人翁感和荣誉
	共同愿景	始终如一地带领团队为实现共同愿景而努力
	授权	交代工作时，清晰地表明工作的原则和权限，明确要完成的目标，具体的方法让组织成员自主决定
创建高效团队	任务分配	根据每个人的强项、兴趣和发展需要分配工作任务，能够让每个人都发挥长处，能够让下属有充分的责任感
	创建协力	不断提升团队的凝聚力，增强团队成员的团队归属感和荣誉感
诚信正直	尽责	敢于承担责任，不推卸，不指责，想尽办法把事情处理好
	原则性	遵守组织的各项规章制度；涉及个人利益时，仍然按照规章制度和原则处理，不为个人谋取私利
	诚信	遵守诺言，言出必行，如果承诺的事情没有做到，会及时做出解释、说明，第一时间进行调整和补救
	公平公正	秉着公正、公平、公开的原则选拔、评价、激励组织成员，不论资排辈，注重真才实学
高效执行	行动导向	遇到困难和阻碍时能够勇往直前，积极寻求解决办法，推动组织和部门工作目标的实现
	规范化	强烈的规范意识，对制度和秩序心存敬畏，要求自己与公司成员严格执行公司规定的各项流程、制度和规范
	监督	及时获得信息反馈，迅速调整方案和策略，随时准备应对各种障碍和问题
	要事优先	把主要精力集中在当前正在进行的重要工作上，做完一件事后再去做另一件事，而不会轻易同时兼办多项工作

这个胜任力模型的主要问题同案例 1 类似，问题如下：

· 胜任力项过多。

· 胜任力缺乏逻辑性。

胜任力模型中的“合作精神”和“创建协力”，这两个胜任力的意思是重叠的，都强调团队合作。还有“建设学习型团队”“反思与总结”“经验的开放性”三个胜任力在内容上也有重叠的地方。“原则性”和“规范性”，都强调对规则的遵守。所以，胜任力并非多就是好，多可能代表了重复和臃肿。

第六节　审核并修订模型

胜任力模型在提交后，需要经过客户审核。在审核中可能会受到两方的质疑，一方是高层，另一方是对接人员。通常高层注重的是框架，而不是细节，因为他们的想法大都已经在胜任力项中有所体现，更多的是要寻找一个解释；而对接人员可能对模型本身有质疑，同时对胜任力应用中的具体操作有疑问。

作为乙方，需要根据专业性，把胜任力模型从演绎、访谈、编码、分析统计到组成模型的各步骤，做有条理、有依据的说明。

一、高层的常见问题

Q：胜任力模型如何体现差异性？

A：这是个很经典的问题。胜任力模型，特别是领导力模型，有很大的雷同性，如何体现特色？关键在于和企业文化挂钩。我知道一家房地产企业，它的胜任力模型中有一条叫“铁人精神”，这和这家企业的企业文化有密不可分的关系。这个胜任力项可以是“坚韧不拔”或者“坚持不懈”，同样的意思为何要用“铁人精神”。原因在于这家企业强调军事化管理，通过严格的管理手段和高度自律，克服障碍，这就升华了“坚韧不拔”“坚持不懈”的意义。

Q：胜任力模型的应用有哪些？

A：胜任力模型的应用主要是在招聘端和培训端。招聘端的应用，需要把胜任力模型和测评工具搭配应用。比如招聘销售人员，假设有一条胜任力项是“沟通表达”，在用 DISC 测评时着重关注 I 的分值，对应“沟通表达”胜任力项。当然这里并不是推荐用 DISC 去做人才选拔，仅仅举个例子。

培训端又叫“解码”，需要把胜任力项和学习地图做对应，这将在本书第十一章中详述。

Q：如何借鉴其他公司的胜任力模型？

A: 正如前面所说，这是标杆分析。通过标杆分析，大家会注意这个行业的大多数公司，他们有哪些相同的胜任力，有哪些不同的胜任力。相同是什么原因造成的，不同又是什么原因造成的。相同多数是因为行业特点和职位特点造成的，不同多是由于企业战略和企业文化的不同造成的。

要结合企业的战略和企业文化来构建胜任力模型，不能人云亦云，也不能特意追求别具一格。

Q：胜任力能否带来管理机制的改变，如胜任力能否影响使命 / 愿景？

A：这个问题在本书第二章中已经讲过。因为胜任力部分是从企业文化中提炼的，所以胜任力也会反映企业文化，包括高层理想中的企业文化状态。要实现胜任力对企业文化的牵引，不只是通过外部宣传的方式，更多是要通过人员的筛选和培养，所以是一个长期的过程。第一，在选拔中高层人员时，要严格按照胜任力项做筛选；第二，在人才发展过程中，也要注意对相关胜任力项的宣贯和养成；第三，胜任力的提升，也可能间接改变企业的制度和规则，但这是一个促进和平衡的过程，并非“运动式”的。

二、对接人员常问的问题

Q：目前市面上有关胜任力的词典非常多，企业以后在自己建模时，最好是套用现成胜任力词典还是自创?

A：我曾经推荐过好几本词典。如果 HR 对于胜任力不太熟悉，最好还是用现成的胜任力词典。因为现在胜任力词典比较全面，而且概括了市场上 90% 的胜任力。如果是自创，词典可能不全面，逻辑性可能不足，无法符合 MECE 的原则。

如果 HR 对胜任力模型非常熟悉，那么过程中已经默默参考了一些胜任力词典，只不过在原有基础上做一些发挥而已。

Q：关于胜任力分级，不同流派的分级也不同，有 4 级、5 级甚至 8 级、9 级的，那么在企业通常分几级比较好？

A：胜任力分级建议越少越好。有些词典很复杂，比如才能评鉴法，它可以针对同一个胜任力，分为三大维度。三大维度里面又有若干个维度，一共有 20 多个维度。这是心理学家的方法，我们不用把事情搞那么复杂，不便于落地。建议如果要分层级，最好是分为三层，即合格、良好、优秀。这样便于去做胜任力评估，也便于去做人才发展。

Q：胜任力分级评价通常定性居多，如何解决不同评价者对胜任力分级的认知不同所导致的评分差异的问题?

A：这个问题提得非常好。胜任力模型确实存在一个问题，就是分级中定性的内容比较多，有时甚至不是定性，而是比较模糊，这对于人才评估和发展会产生困难。所以在本书第七章中，会针对一些词条讲讲如何更好地分级。比如成就动机，我通过对词典的研究会发现有几个层级一定存在。第一个层级是明确目标；第二个层级是挑战困难。那么第三个层级，可能是超越自我，但是它不一定会有第三个层级。但是前两个层级，胜任力词典中几乎都有，所以可以达成共识。通过研究词典，可以找到共性。

即使是定性的东西，也能够找到一些规律。比如水的状态，它先是冰，然后变成水，最后变成水蒸气，这其中至少有两个临界点。胜任力也是如此，它可能很难量化，但是能够找到其中的几个临界点，而且有明显的特征。

Q：绩效评估同胜任力有什么关系?

A：绩效评估同胜任力的关系比较弱，胜任力和 TD 模块关系紧密，其中包括人员筛选、人员盘点和人员发展，同绩效、薪酬的关系比较弱。

Q：如果部门已经有胜任力模型，新人入职后多久让其做胜任力评估比较合适？

A：我建议在新人入职之前，就按照胜任力模型评估一下。但有些企业可能没有这种能力做评估，或者是没有评估的工具。如果真的是没有办法做，我建议在员工转正的时候，或者在人才发展的时候做这件事情。

Q：胜任力同价值观有什么关系？

A：在构建胜任力时，通常会考虑企业的企业文化。所以，实际上胜任力会呈现价值观，但是在实际建模时，由于受到企业高层的影响，有时呈现的价值观并非企业实际的价值观，而是理想中的价值观。这时需要企业人力资源部门在未来做引导，努力往这个方向牵引。

Q：胜任力模型如何包装？

A：不只是胜任力模型，绩效管理、培训设计都存在一个包装的问题。我对于“包装”这个词的理解，局限于对胜任力模型最终结果的呈现。在这方面是有两个例子可循的，具体可以参考本书第八章中 VI 的部分。

通过 VI 的方式呈现胜任力模型，一方面需要把胜任力模型和企业文化相结合；另一方面需要有设计思维。这需要有跨界的人才，既懂胜任力，又懂设计。

Q：胜任力和高绩效是否挂钩？

A：房晟陶老师说高绩效中只有 30% 是高潜力的。这是否意味着高潜力和高绩效不挂钩？我是这么理解的，通常说的绩效都是短期的，如 1 年以内，所以它并不能真实体现个人能力。麦克利兰所说的高表现（high performance），实际上是一个长期的绩效，它可能是 3~5 年，也可能是更长，如 5~10 年。王兴说：“大多数人的成功之路是大器晚成。”所以，不少人其实误会了所谓的胜任力导致“高绩效”中绩效的含义。

尽管考核都指向绩效，但是考核中通常无法考核到一些隐性指标。比如某个销售可能业绩一般，但是他能帮助团队中的其他成员提供销售线索、拜访客户、提供方案，这是无法在绩效中反映的。这就要求业务领导和 HR 对于个人的贡献能够明察秋毫，从别的角度提出自己的看法。高潜力的人究竟对于组织能贡献到什么程度，我认为主要从两个方面进行衡量：一是“势”，就是趋势，他能够帮助企业辨明未来的发展趋势，避免企业走弯路，也可以理解为是前瞻类的胜任力；二是“人”，他能帮助企业找到现阶段急需的人，不一定是通过高薪，而是通过彼此的认同，输出价值观。所以，胜任力和高绩效之间存在关联性，但是不容易找到线索。

Q：有些胜任力在通用项中有，在专业要求中也有，这是不是逻辑性问题？

A：这类问题是需要项目组在提交胜任力模型之前仔细检视的。一般来说，在检验后不会出现完全一致的胜任力项。但是，有可能会出现接近的胜任力项。举例来说，自信果敢和果断决策，两者都含有“果断”这层意思，但是强调的重点不同。前者是自信，后者是决策，可以用于不同类型的胜任力项。

Q：胜任力现在看上去都差不多，类似“团队管理”“创新思维”这样通用的胜任力到处都有，而且胜任力的描述相差不大，如何提炼出有特色的胜任力呢？

A：房晟陶老师说，龙湖胜任力中有一项叫先说结果，再说理由。我姑且不论这个胜任力的名称叫什么，它非常有特点。麦克利兰当时发现胜任力模型，并针对外交官员提炼出的两个胜任力项也是相当有特点的：一是“政治敏感度”，说的是对政治局势的敏锐；二是“社会敏感度”，说的是对当地社会局势的敏锐判断。如何提炼出有特色的胜任力？笔者认为一是要对企业文化、员工行为特征非常熟悉；二是要有打破砂锅问到底的精神。

Q：根据胜任力模型进行打分的时候，有什么技巧和需要注意的？

A：参考胜任力打分的时候，建议要仔细理解胜任力中的定义和行为特征。虽然胜任力大同小异，但是不同企业在强调胜任力时会各有不同。比如“执行推进”，有些企业强调的是过程，也就是过程中如何克服困难；而有些企业强调的是结果，也就是结果是否达成目标。在评估面试者时，需要密切结合企业对胜任力的要求，而不是想当然。

另外，胜任力模型本身可能会挖坑，其中有些词汇的意思并不是这么清晰。作为面试官，需要及时同模型构建者沟通，了解胜任力的真正含义，避免误解产生的操作问题。

Q：老师讲到演绎法和归纳法，但是不太明白其中的区别和相同之处。我理解两者访谈的对象不同，相同点是都会用到访谈技术，还有其他异同点吗？

A：演绎法和归纳法，最大的不同在于结构不同，一个是“自上而下”，另一个是“自下而上”。就访谈而言，两者对应高层访谈和绩优人员访谈，尽管都用到访谈技术，但是所使用方法的性质是不同的。通常，项目中会更加关注高层访谈，也就是演绎的部分。

Q：老师说在编码中可以多参考词典，但是在实际项目中，同步参考了老师推荐的词典，感觉很多都用不上。到底如何提取胜任力，是从已有词典中获取还是可以自己总结？

A：无论是前合益的词典也好，还是 FYI 的词典也好，因为距离现在已经有 20 年之久，有点脱离时代了，同时这些词典又都是国外的，在翻译上或多或少存在问题。我建议在真正建模时，可以参考国内同人所编写的词典，因为里面的胜任力符合国人用词习惯，又引入了诸多符合时尚的新胜任力。

也可以参考国内一些比较成熟企业构建的胜任力模型，这方面的资料很多，比较容易获得。

Q：在胜任力项萃取的时候，如果访谈中被访谈者不善于表达，怎么有效萃取？

A：通常有两种做法：一种做法是前期通过访谈者的技巧，有效引导被访谈者表达。主要通过前期的破冰和倾听，建立同被访谈者的信任另一种做法是下策，如果被访谈者仍然不愿意表达，可以采用书面的方式，让被访谈者把自己的案例写下来，不过这种方法在实际操作中用得较少。

Q：胜任力模型主要适用于组织中的高层管理人员，任职资格适用于全体员工，那么我想知道，一家企业是不是既要有胜任力模型也要有任职资格体系呢？

A：这两种体系本身并不矛盾。不少大型企业，两种体系同时存在，并行不悖。胜任力模型特别适用于对中高层人员的筛选和发展，而任职资格适用于对基层人员的选用，以及应用于全体人员的绩效和薪酬体系。由于企业发展阶段、不同条线发展理念的不同，有时候会重视胜任力模型，有时候会重视任职资格，甚至有些部门重视胜任力模型，有些部门重视任职资格。这都没有关系，关键要处理好彼此之间冲突和重叠的部分。

Q：胜任力和员工职业规划有没有关系？能否指导员工自我发展？

A：胜任力可以帮助员工规划职业路径，一方面员工通过了解胜任力中的行为特征，了解自己的差距，从而通过 IDP 进行针对性改善；另一方面员工通过了解胜任力模型，可以选择管理发展路径或是专业发展路径，找到一条适合自己的路。但是，严格来说，由于胜任力是按照企业的要求所制定的，所以并不能完全反映市场对人才的要求，所以胜任力模型对于自我发展仅仅起到参考作用。

Q：如何去界定人才画像、胜任力模型以及任职资格三者之间的关系？是否可以理解为人才画像涵盖胜任力模型和任职资格？

A：人才画像是个大概念，比如 KF 的全人模型。我在本书第二章中提到了人才标准，包括绩效、经历和领导力，这也是一个人才画像。总体来说，人才画像涵盖了胜任力模型和任职资格，但是企业的人才画像中不一定都包括胜任力模型和任职资格，企业会根据自己的情况选择若干体系作为参考。推荐小企业选择 1~2 个体系就够了，而大企业也不要选择太多，3 个体系就够了。

第六章

标准建模第四步：成果输出

第一节　总结汇报会

总结汇报会通常包括以下部分：

· 项目方法论，呈现整个项目使用的逻辑和方法。举例来说，胜任力模型是通过自下而上的归纳法和自上而下的演绎法得出的。

· 建模的结果及最终决策成果。以绩优人员访谈为例，展现出行为访谈不同组别的差异，体现重要的胜任力项，并且呈现各种建模方法提炼的胜任力和最终的决策成果，如表 6–1 所示。

表 6–1　案例——胜任力建模决策

胜任力	绩优人员访谈	企业文化	问卷分析	重要性	决策
市场敏锐	○	○	□	高	√
培养辅导	○	○	○	高	
经营分析	×	×	○	高	√
沟通能力	○	○	×	高	√
危机意识	×	○	×	高	
追求卓越	×	○	○	高	√
人际影响	×	○	○	高	√
授权支持	×	×	○	中	
团队协作	○	×	×	中	

· 胜任力模型的框架和条目，从定义、等级、行为描述等角度对胜

任力进行详述，如表 6-2 所示。

表 6-2　案例——胜任力模型的框架和条目

胜任力	等级	定义	行为描述
创新能力	敢于挑战传统的工作方式，推出新的做法		
	Lv1	支持创新	支持运营模式和管理方面的创新
	Lv2	主动尝试变化	勇于借鉴和尝试创新性的做法
	Lv3	提出创新方法	善于从竞争对手、标杆企业学习先进的实践做法

第二节　制作成果文件

成果内容主要包括：

· 胜任力模型。

· 胜任力模型建立报告。

· 胜任力模型自学手册。

· 360 度反馈（备选）。

· 胜任力宣贯（备选）。

· 行为面试培训（备选）。

一、胜任力模型

胜任力模型通常以 PPT 和 Excel 两种方式呈现。

PPT 的呈现方式包括胜任力模型的框架（VI），以及各胜任力项。× × 企业胜任力模型Ⅵ，请参考图 6-1。

图 6-1　× × 企业胜任力模型 VI

胜任力 1：未来导向。

定义：关注、思考并积极应对行业、专业及公司的未来变化。

层级：

· 关注行业、专业、公司的发展趋势。

· 对专业领域的变化敏感。

· 评价一个事件对行业、公司的影响。

· 总结行业、专业的发展规律，从中预见未来。

胜任力 2：追求卓越。

定义：不断追求公司发展、工作品质和效率的更高境界。

层级：

· 为自己设置有挑战性的工作目标。

· 对未完成的工作有痛苦的感觉。

· 对工作以高标准要求，不容易满足。

· 重视影响工作的细微之处，努力改进细节。

胜任力 3：工作激情。

定义：因为对工作本身（内容、过程、方法、成果、难度等）的热爱而工作。

层级：

· 在工作过程中获得乐趣。

· 不但把工作看成谋生手段，而且把工作看作生活方式和重要成分。

· 看重工作的内在回报，例如给自己带来的成长。

· 始终保有对成功的渴望，并将这种渴望体现为工作中的激情。

胜任力 4：团队合作。

定义：从公司整体战略出发，把自己看作公司的一分子而与同事、供应商或合作伙伴主动、积极协作。

层级：

· 知道自己的一言一行给周围人造成的影响，扮演好公司一员的角色。

· 将自己与合作对象之间的工作关系视作平等的合作关系。

· 寻找公司利益和个人利益的契合点，并以此为工作目标。

· 为组织目标的实现而容忍自己不欣赏的人，并与之合作。

胜任力 5：安全意识。

定义：坚持规范化操作的底线，规避工作中可能遇到的危险，并追求稳定的工作质量。

层级：

· 对工作中的困难有充分的估计。

· 分析、预测一个举动可能会对企业造成的直接影响。

· 积极采取措施使可能出现的危险最小化。

· 不但能够预测一个举动给企业带来的直接影响，而且能够预测它给企业可能带来的潜在、长期的影响。

二、胜任力模型建立报告

建立报告是对胜任力建模的整体回顾，它的内容包括从信息收集到模型建立，罗列其中采用的方法、数据，是一份宝贵的资料。和总结汇报会的汇报材料相比，建立报告更加详细和具体。

这份报告主要分为两部分：对企业战略的理解和胜任力模型的建立过程。

对企业战略的理解，这部分主要包括战略目标和成功要素两部分。

· 战略目标主要是对企业战略和目标的理解。

· 成功要素，主要是通过战略解码，对战略和目标进行分析，从而得到组织能力。这在本书第四章中有详细描述。

胜任力模型的建立过程，主要包括数据收集、数据分析和模型建立三个阶段。

· 数据收集涉及诸多方式，如行为事件访谈、焦点小组、问卷调研等。主要讲述项目进行的时间、参与的对象。行为事件访谈计划，如表 6-3 所示。

表 6-3　案例——访谈计划表

被访谈者姓名	被访谈者职务	访谈顾问
杜 ××	厦门市子公司总经理	张 ××
梁 ××	山西子公司总经理	孙 ××
黄 ××	河北子公司总经理	李 ××
孙 ××	天津子公司总经理	韩 ××
刘 ××	广西子公司副总经理	孙 ××
王 ××	福建子公司副总经理	李 ××
王 ××	云南子公司副总经理	韩 ××
井 ××	甘肃子公司副总经理	张 ××
孙 ××	山东子公司总经理	孙 ××
方 ××	深圳子公司总经理	韩 ××

· 数据分析阶段，需要讲到过程中编码的方法和具体案例。

在提到行为事件访谈时，需要列举具体案例：

入口选人要好好选，定组织架构、岗位职责、绩效，招 7 分或 8 分甚至 6 分的人就行，通过培养、训练，干到 9 分、10 分的人。10 分的人，不好留。好好干，招有一点浪漫主义色彩的人，会舍弃短期的利益，会忍耐，面对逆境的时候也能行。智商、情商不一定高，逆商要高。

这段话主要描述了该领导者对选人的要求，是典型的“人才甄别”胜任力项。

模型建立需要陈列结果，把每一种方法所提炼的胜任力罗列出来，综合比较并且选取胜任力。

三、胜任力模型自学手册

胜任力模型自学手册，又称为胜任力模型发展手册，是建模提交成果的一部分。

手册的意义在于一方面呈现了项目的成果；另一方面为胜任力模型的落地做准备。

通常而言，胜任力模型自学手册可以分为四个部分：简介、胜任力模型框架、胜任力模型详细介绍和发展建议。

· 简介主要包括两个部分：第一个部分是对胜任力模型、冰山模型的解释；第二个部分是简略介绍胜任力模型的构建过程。相比胜任力模型建立报告，要简单得多。

· 胜任力模型框架是指胜任力整体框架，并呈现胜任力模型的 VI。

· 胜任力模型详细介绍则是逐条介绍胜任力，完整地介绍包括胜任力定义、负面行为、行为特征、案例分享。笔者想重点介绍案例分享，因为这部分在胜任力模型手册中比较少见。案例分享，指的是在访谈或焦点小组中收集的经典案例，把这些案例呈现在手册中有两个目的：一个是为了帮助管理者、HR 和员工更好地理解胜任力模型；另一个是便于管理者和员工学习企业中的优秀案例。这也是经验萃取的一部分，是胜任力模型构建的副产品，在本书第八章中会详述。

· 发展建议。该部分重点针对管理者和员工如何发展自己的能力，主要分为两个部分——提升建议和发展资源，也是最有价值的部分。

以辅导下属为例。

提升建议：

· 当员工的工作出现问题时，一定不要急着接过手自己做；你的职责是辅导他，让他不断修改和完善任务。

· 通过示范正确的行为，以带着下属一起工作的方式帮助下属提高能力；对下属的工作表现给予及时的反馈，帮助其认识到需要改进的地方或取得进步的方面。

·当员工向你提建议时，习惯性地先考虑其积极的一面。如果你不打算采纳该建议，一定要先肯定其积极的一面，随后坦诚解释你不接受的原因。

·无论要求员工做什么，始终对他们怀有积极的期待。相信他们能把事情做好。

发展资源：

·《让下属百分百执行》

·《员工心理辅导实务手册》

再举一个例子，创业意识。

提升建议：

·用一定的时间认真思考自己的工作理想和目标，把目标划分成若干个阶段和相对容易实现的小目标，减少自己对前景的迷茫感，一步一步达成目标，使自己在遇到困难的时候能够有动力坚持下去，保持乐观积极的心态。

·在企业、部门建立对社会、企业、行业发展有推动作用的共同愿景，积极宣贯这一愿景，提升企业、部门员工对这一愿景的认同程度，不仅身体力行，还鼓励大家为这一愿景做出努力和贡献。

·理想是人们前进的动力，工作不仅能带来物质回报，更能满足一个人的精神追求，有理想的人才有持续不断的动力。为自己树立远大的事业、人生目标。基于公司的发展战略，为自己设定清晰而远大的方向和目标，以此激励自己不断前进，获取更大的成功。

尝试改变自己的人际氛围，参加当地企业家社团或创业组织，定期或不定期地参与社团活动或免费讲座，积极与具有创业精神、对自己的事业发展有较高要求、全情投入工作的企业家或者创业者沟通交流。

发展资源：

·《创新与创业精神》

·《创业的国度》

可以看出，尽管发展建议在陈述上具有专业性，但是因为缺乏细化指导和具体案例，导致在理解和落地上仍然存在障碍。因此，在实践中需要依照客户需求对发展建议做定制化。

四、360 度反馈

360 度反馈，即 360 度评价，也称为全方位反馈评价。360 度反馈，是被考核人的上级、同级、下级和服务的客户等对他进行评价，通过知晓各方面的意见，清楚自己的长处和短处，来达到提高自己的目的。

360 度反馈是一种比较好的对胜任力做自我认知的工具，所以通常会把它作为胜任力落地的途径之一。

360 度反馈的参与对象如何选取，请参考图 6–2。

在 360 度反馈开始的宣贯中会强调以下几点：

第一，了解 360 度反馈的价值。

360 度反馈工具有助于增强个人自我意识及团队的交流，促进个人与团队的发展。通过 360 度评鉴过程，被测者能够认识到他们所被期望做哪些行为和贡献。此外，还能帮助被测者深刻意识到自己的优势及不足。因此，基于 360 度反馈，个人可以更好地规划自己的职业发展方向，并为团队做出更大的贡献。

上级

√ 评估对象的直接汇报上级
√ 选取原则：日常与评估对象有密切的工作接触

平级

√ 日常工作接触和交叉较多的各单位互相进行评估，共计2~4人

下属

√ 评估对象对调研对象具有完全的考核权和管理权
√ 调研对象与评估对象共事半年以上的时间，且日常与评估对象有密切的工作接触
√ 共计不超过6人，若所有下属以上原则均符合且超过6人，则采用随机选取方式，且本次评估未参加的下属在下一次评估中为必选下属

自己

√ 评估对象本人

图 6–2　360 度反馈如何选取参与者

第二，理解什么是 360 度反馈。

不同于客观评估工具，360 度反馈更具有主观性。它的结果并不反映实际情况。它度量的是一种认知，所以是有限的。360 度反馈帮助被测者理解自我意识与他人评价之间的差距。因此，360 度反馈报告是一次发展自身和所处团队极好的机会，而不是一份判断个人绩效和能力的评估报告。

第三，熟悉评估标准。

评估标准来源于胜任力模型。

第四，个人发展的行动计划。

报告中的发展建议指出了被测者所在团队中的全部弱点，这要求被测者制订一份发展计划。

作为一种业绩改进方法，360 度反馈在国内得到了广泛的应用。目前大中型企业，广泛采用了这种评价方法。但是，有一些公司斥巨资，花了巨大的精力进行 360 度反馈，却收效甚微，甚至适得其反——造成评价者和被评价者关系紧张，给公司带来了不利的后果。

有人曾认为以上后果是由于公司内宣导和培训不足所造成的。实际上，由于对人的评价不仅受到认知层面的影响，还受到情感层面的影响，即使进行了有效的培训，仍然会导致评估结果产生误差。

所以，笔者认为 360 度反馈的意义在于它的相对性而不是绝对性。这有两重意义：

· 360 度反馈更适合发展而不是选拔。人才测评尽管也存在主观性的干扰，但名义上的胜任力标准是一致的；而 360 度反馈中由于不同员工的上下级不同，导致数据源和评价标准的不一致。

· 360 度反馈中要注重数据的差异性。由于数据本身的绝对性不可靠，诸如参与者对同一个分值的理解不一致。数据的相对性是可靠的。每个人的内在标准仍然有区分度，譬如 5 分和 3 分，无论理解的差异有多大，在内在标准中，5 分的水平要高于 3 分。所以，要注重数据之间的比较。

× × 企业 360 度评价工具的题型如表 6–4 所示。

表 6-4　××企业 360 度评价工具的题型

学习成长
1. 在工作中，我主动向他人请教和学习新知识
2. 我常常总结自己学到的知识和经验，并应用于工作
3. 我经常询问和反思自己的不足，并积极改进自己的工作
4. 我刻苦钻研，力争成为本领域的行业专家
团队协作
1. 我积极支持和配合他人的工作
2. 我主动与他人分享知识、信息、经验和资源
3. 我了解同事们的优点和不足，并能够取长补短
4. 我采取行动化解其他同事、部门之间的矛盾和冲突
有效沟通
1. 我在和他人交流时，清晰地表达自己的想法，并主动澄清与他人的误会
2. 我和他人交流时耐心地倾听，并主动询问他人的真实想法
3. 我与他人交流时，能够关注他人的反应，并站在他人的角度进行沟通
4. 当我和他人意见不一致时，我站在更高的高度说服对方
敬业精神
1. 我能够踏实地完成本职工作
2. 在工作中，我主动接受挑战，并勇于承担责任
3. 我对工作精益求精，不断改进细节
4. 我为工作适当牺牲个人利益
结果导向
1. 我能够清晰地把握我的工作目标
2. 我为自己的工作设定量化的目标，并制订行动计划
3. 我以达成工作结果为自己的核心目标，并抓大放小
4. 我为自己设立高于别人的挑战性目标，并坚持达成
正直诚信
1. 我遵守基本的职业道德和公司的工作规范
2. 我一旦承诺他人，就要说到做到
3. 我在面临诱惑和压力时能够始终坚持原则
4. 我主动和违反职业道德、损害公司利益的现象做斗争

五、胜任力宣贯

胜任力宣贯可以说是收尾之作。通常而言，胜任力宣贯在汇报会结束后进行。和汇报会不同的是，胜任力宣贯的对象是中基层员工，宣贯的重点有两个：一个是说明胜任力模型的科学性；另一个是说明胜任力的应用场景。

首先，说明人才标准的变迁，如图 6–3 所示。从一开始的主观判断到技能、学历、智商等人才标准再到胜任力这样的人才标准。在讲述中，重点要说明胜任力和其他人才标准的不同，而不是把重点放在对胜任力概念的解释上。

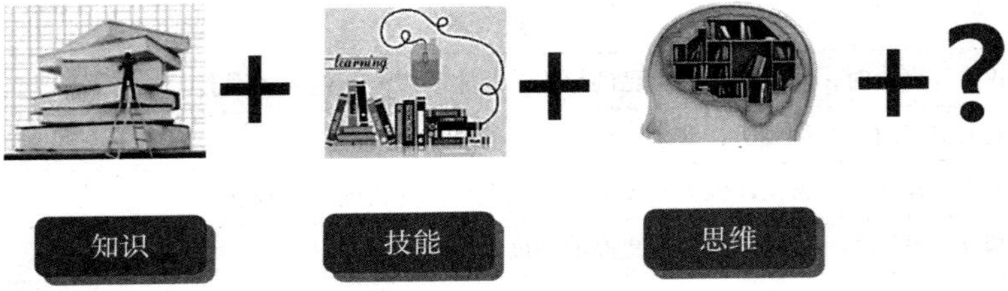

图 6–3　人才标准的变迁

其次，说明胜任力的应用场景。在宣贯中，要把胜任力同人才的选、育、用关联起来，充分说明胜任力不是一个概念，而是可落地的实践。其中，需要列举相关的案例，比如如何从访谈中提取最佳实践应用于培训发展。

胜任力宣贯的目的是让员工对胜任力有情境化的理解，让员工们知道，现在企业对于人才标准有了统一的语言，同时会把这套语言应用在人才管理实践中。为了让员工清楚自己努力的目标，不单单是提升自己的知识和技能，更需要端正自己的态度，从综合能力层面认知自我、提升自我。

六、行为面试培训

行为面试培训作为胜任力落地的一项实践，是非常重要的。有了人才标准，就可以识别人才。而行为面试，则是一个性价比较高，也是最考验面试官能力的测评工具。作为“授人以渔”的步骤之一，行为面试培训常常作为项目交付的一部分。

行为面试和胜任力的关键衔接点在于行为面试评估表，这个评估表主要依据胜任力的分级制作，比如胜任力分为 LV1、LV2、LV3 级，那么评估的等级往往也按照这个分级，如表 6–5 所示。

表 6–5 案例——行为面试评估表

评价项目	评价细则
结果导向 (1~3 分)	LV1 不关注结果，只注重过程
	LV2 明确工作目标，朝着结果努力
	LV3 遇到困难，坚持不懈，直至完成任务
大局观 (1~3 分)	LV1 只重私利，不顾大局
	LV2 有团队观念，遵守公司制度
	LV3 遇到冲突，以整体利益为重
推动执行 (1~3 分)	LV1 不关注细节和执行情况
	LV2 对下属给出明确的指示，关注细节
	LV3 采取全面和细致管控，对低绩效果断采取行动
辅导下属 (1~3 分)	LV1 不愿意辅导下属
	LV2 与下属进行细致辅导与反馈
	LV3 为下属创造发展机会，从职业发展的角度对下属进行指导
脚踏实地 (1~3 分)	LV1 停滞不前，满足现状
	LV2 将事情做好
	LV3 勇于接受挑战，出色地完成任务

行为面试评分表就是把胜任力中的分层，迁移到行为面试中。所以，笔者强调胜任力的分层不要多，如果过多过细，则很难评价，建议最好是 3 层。

如果胜任力不分级，只有行为特征，则按照行为特征给予评价。

有了行为面试评估表，接下来就是为了评估所要开展的行为面试。

做好行为面试，有三个关键步骤：

- 破冰。
- 信息收集和追问。
- 做好笔记。

在破冰中，首先是准备工作。准备面试的问题，物料准备（打分纸、记录表和会议室）。接下来是介绍环节，介绍环节的作用主要有两个：一个是让受测者知道面谈的构成并管理受测者的期望；另一个是建立信任，营造友好的氛围。在这个过程中，你说话的内容不是最重要的，最重要的是你的肢体语言。破冰的最后一部分是了解受测者的工作情况，例如职责、职位等，有些人可能觉得这个过程不重要，实际上，这个过程能让你找到一些关键点，譬如受测者是否刚加入，受测者的精神面貌是否积极。

接下来进入面谈部分。在面谈部分，最重要的是找到节奏感。我们往往在跟陌生人聊陌生的行业时，会有一种隔阂的感觉，就好像眼前有一层雾，想拼命拨开。如果你持续保持这种状态，最后面谈的结果就会在表面问题上兜兜转转，好像一只蒙着眼睛的驴。

要断舍离这种状态，就要在深挖中找到突破点。通常在面谈中，深挖每个胜任力项要 20 分钟，而这 20 分钟中的构成是 5 分钟了解基础信息，剩下 15 分钟深入细节。在开头五分钟，你需要按照 5W1H 原则搜集信息，了解故事的发生、过程和收尾。如图 6–4 所示。

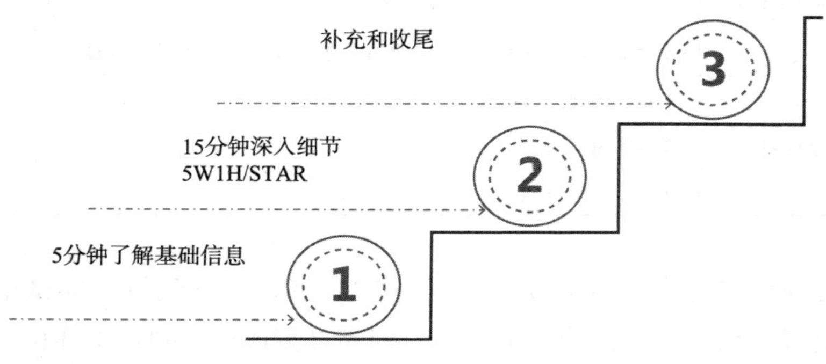

图 6–4　行为面试流程

深挖主要有两个方法：一是积累常识：找到每个职业的关键任务。譬如销售岗位，你要想到销售转化率；研发岗位，你要想到成品转化的成本。这是从职业讲。再从行业讲，说到汽车，你要了解整车销售—金融保险—保养维修—二手车，这条产业价值链；说到银行，你要了解柜员—大堂经理—理财经理这些岗位的关联。总之，你要有行业和职业的常识。

二是锻炼自己的敏锐度。你不可能知道所有的常识，但是你可以训练自己分析信息的能力。譬如你听到最近股票大涨后，随后分析接下来是调整还是继续会涨；你听到裁员，随后分析哪些职位可能受影响最大。总之，对天下大事，你要能知晓和尝试分析，这类同大前研一的学习方法。

最后来讲一下记录。记录的重要性是广为测评师忽视的。记录有几个要点：第一，要记录有价值的信息。什么是有价值的信息，有三个标准：主角是我，当时的感受，最后行动要具体、结果要明确。第二，记录要基于胜任力做判断，譬如沟通能力强、分析思维弱等。这一点也很重要。

有些行为面试做完后，还会要求你做现场反馈，但这不在本书的讲述范围内。感兴趣的各位读者可以关注笔者的公众号“文卿阁”，里面有更加详细的内容。

最后，笔者想强调行为面试的培训并非一步到位。需要做系统的规划，这样才能帮助企业培训真正有鉴别能力的测评师。

第三节　××地产企业胜任力模型咨询项目：人才标准切入的企业管理

这是一家地方的民营房地产企业，2010—2015 年一直保持着高速发展。随着整体经济增速的放缓、国家管控政策的落实，大房企的触角开始延伸到三四线城市，企业面临着严峻的外部环境。企业文化过于注重人本和谐，管理粗放、内部家族人员的管理能力低下、人才管理不到位，也使企业面临着复杂的内部挑战。

这个时候，这家企业找到了我们，做关键岗位胜任力建模项目。应该说在选取供应商前，这家公司做了充分的调研，本来是圈定外资咨询公司，但后来经多方比较后，选择了在地产圈颇有经验的我们。对我们而言，这是一个意外；对这家企业而言，也是一个意外。

虽然项目交到了我们手上，但是客户的要求十分严格。在与董事长见面的时候，董事长提出了三点要求：管理模式的输出、企业价值观的加速塑造、人才标准的构建。熟悉胜任力建模的人都知道，高管的要求有不少是额外的要求。看上去做的是人才标准，实际上涉及企业管理，是一个“以小见大”的项目。后来了解到，之所以选择我们，是因为我们在项目落地性方面更胜一筹。

作为项目经理，笔者首先初步拟订了这个项目的工作计划：

第一，宣导会前准备。

· 确定宣导会的时间、访谈名单、访谈时间安排。

· 行为访谈材料的准备与确认。

第二，实施战略演绎和访谈。

· 宣导会及高管战略演绎。

· 高管访谈及定性结果输出。

· 任职者行为访谈及定性结果输出。

· 企业文化调研及结果输出。

第三，结果的统计分析与内部研讨。

· 任职者行为访谈结果定量统计分析。

· 外部标杆企业对照分析。

· 项目组内部研讨。

· 确定胜任力模型初稿与设计稿。

第四，与企业 HR 部门进行研讨，根据研讨结果修改模型初稿。

第五，胜任力模型定稿、定义与分级描述。

· 根据高管研讨结果修改模型、设计稿并最终定稿。

· 胜任力项定义与分级描述的撰写。

第六，项目结束。

这个项目和一般胜任力项目的不同之处有三点：

· 战略演绎研讨会和宣导会一起开。

· 要做企业文化调研并输出结果。

· 要有管理制度的输出。

第一点的目的有两个：一是节省时间，诸多高管和总经理聚在一起机会难得，尽量一次解决；二是体现承接性，让诸多领导能够深切理解项目和企业战略目标、文化之间的承接关系，凸显战略演绎的重要性，引起领导的重视。

因为这两个会议是合在一起的，所以顾问一反常态，不是先讲胜任力，而是先讲战略。首先要说明战略的特点，战略是聚焦，“战略是不做什么”。正如任正非所说：“战略，只有略了，才会有战略集中度，才会聚焦，才会有竞争力。”任正非的“主航道”，张近东的“同心多圆”，反映的都是战略定力，强调集中力量做正确的事。在顾问引导下，高管达成共识，得出了在 ×× 区域要成为行业第一的战略思想。

说完了战略，再来讲胜任力。在宣贯胜任力时，强调胜任力对企业人才管理的重要性，也强调胜任力不是大而化之的概念，而是可以落地和执行的方针。在这家民营企业，有些高管和领导者的学历并不高，知识储备也不深，如果你空谈概念，会给人“假大空”的不良感受，倒不如多谈些具体的实践，让人觉得这个工具“好看更好用”。

最后，通过头脑风暴列出关键岗位人才所需的胜任力。头脑风暴适合的是人较多、彼此熟悉的场合，它的优点是烘托气氛、讨论深入。

当时讨论的问题是：

你认为 ×× 关键岗位需要具备哪些胜任力？哪些是你认为已经拥有的？哪些是有待提升的？

在讨论中，最怕的是冷场，特别是当时董事长也出席了这次会议，冷场会更加尴尬。好在之前做过沟通的几位高管挺身而出，主动发表了他们的观点，让顾问如释重负。

接下来好几位总经理也跟着发言。在这些发言中，顾问注意到有些语言是胜任力语言，比如“战略思维”，还有一些不是，比如“站得高”“靠谱”“管用”。作为主持人，需要通过追问澄清背后的真正意思，有时候还要让发言者列举案例说明。

这是第一个环节，战略演绎。接下来讲第二个环节，高管访谈。

在高管访谈中，主要了解关键岗位的人才现状和人才要求。为了让访谈更加深入，可以先做铺垫，聊聊有哪些关键人才和他们的案例，然后再聊人才要求。

以下为某高管的访谈记录：

A：现在的团队如何？

Q：人力是我们的短板，我们很多岗位缺人，特别是总经理这个岗位。

业务扩张了，人员跟不上。总经理基本上都是内部培养的，工作七八年或者更久。总经理总是被挖走，主要就是工资太低了。我们沿用的是 2012 年的薪酬体制，外界的变化太快，所以我们内部薪酬较低。

A：对总经理有哪些要求？

Q：我觉得总经理存在几个问题：

· 敬业程度不够，比较松散，所以下面的人员更松散。

· 推动的能力不够。

· 培养基层人员的能力有待提升。

· 团队凝聚力不足。

A：有没有你觉得做得较好的总经理？

Q：×× 总经理的团队管得不错，主要有以下几点：

· 亲和力很强，有爱员工的心。只要是发自内心的，员工都可以感受到，需要做情感的交流。

· 要求人力资源去做辅导，做价值观的辅导、业务的辅导，新员工和老员工的管理方式是不一样的。

通过这个对话，项目组通过编码得出高管对人员的要求：

· 敬业程度不够，比较松散，所以下面的人员更松散。（爱岗敬业）

· 推动的能力不够。（执行推动）

· 培养基层人员的能力有待提升。（培养下属）

· 团队凝聚力不足。（团队凝聚）

通过高管访谈可以得到关键岗位胜任力的轮廓，要进一步澄清，还需要对绩优人员进行访谈。

以下为 ×× 绩优人员访谈记录 1：

一开始人员少，两个项目马上启动，图纸找设计院，总包设计院，外向型工作。3 月份图纸不全，我们的证照报批工作时间很紧，需要沟通立项、方案报批。3 月开工，要准备基础施工证。一定要在 2 周完成，本来要 1 个月，先给他看方案，优先审图，打招呼先看一部分图纸。事在人为，要在 15 个工作日完成。

这个案例重点体现了“沟通协调”的胜任力，如何在节点前获得认可，需要充分的协调能力。

以下为访谈记录 2：

商业方面，产品类型不同，住宅配套商业，办公楼也做，大体量商业和办公，涉及商业持有经营，非常复杂。招商定位，如何和房地产开发管理融合，轻易不能做设计。人防和消防、配套和机电都需要审图。审图 2 个月，都是不同的，施工主要学习机电，在过程中学习，例会的方式，一周一次。

这个案例重点体现了“学习成长”，面对工作中不熟悉的内容，如机电，如何通过再学习尽快上手。

以下为访谈记录 3：

看得长远，先去分析现有的资源，要设定四个季度的目标，严格按照这个轨道去走，资源与人员配备不充足。第一季先明确告诉大家要做什么。第二季开始根据反馈，有所行动。第三季更加翔实，做得更好。第四季开始收官，为下一年度做准备。

这个案例重点体现了“计划能力”，要做好计划，就要对四个季度的不同工作重点有所关注。

接下来是企业文化调研，通过调研问卷的方式完成。通过前期的访谈，发现这家企业的整体管理比较粗放，同时企业文化又强调亲情和谐，所以往往会出现规章制度难以推行的情况。

这个调查问卷主要设计了以下维度：

· 客户导向：表现出良好的客户导向意识，能关注自身服务的内部客户的需求变化。

· 团队承诺：团队成员相互信任、相互合作，为自己是部门的一员感到骄傲。

· 创新：在公司中新概念、新思想容易被接受，并可以尝试。

· 责任心：愿意承受高强度的工作，并对工作高度投入，为实现工作目标而持续付出。

· 诚信：表里如一，言出必行，敢于承认错误。

· 目标感：对任务目标有执着的追求，有一种永不服输的心理。

根据以上维度设计了企业文化调研问卷，表 6-6 为部分题目。

表 6-6　案例——企业文化调研问卷

序号	题目	不同意	部分同意	同意	非常同意
1	员工的工作目标是让客户感到满意	1	2	3	4
2	员工在工作中敢于尝试新的方法	1	2	3	4
3	公司不少员工在偷懒	1	2	3	4
4	员工有时不知道工作到底怎样才算是做得好	1	2	3	4
5	员工担心在工作中出错	1	2	3	4
6	公司的员工都主动地帮助周围的同事	1	2	3	4
7	员工清楚地知道自己的工作目标	1	2	3	4
8	员工觉得工作让自己身心疲惫	1	2	3	4
9	员工经常跟上级谈自己对工作的想法	1	2	3	4
10	员工会热情地向朋友推荐我们公司的项目	1	2	3	4

有些题目为正向计分，有些题目为反向计分。每道题目针对一个维度。项目组针对管理层（总经理及以上）和普通员工做了调研，结果如图 6–5 所示。

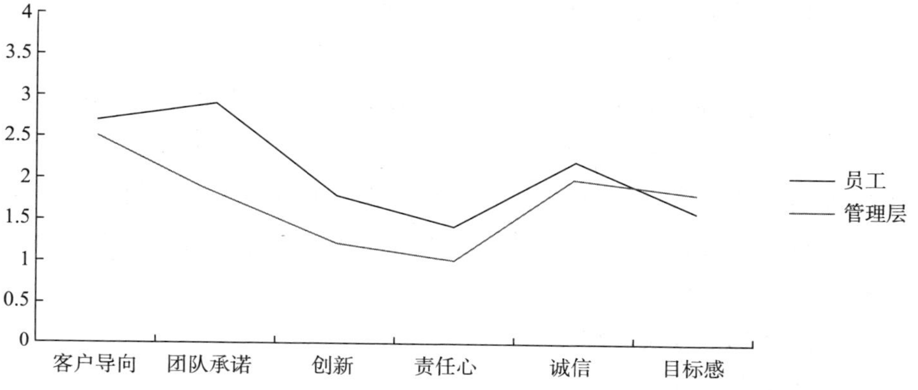

图 6–5　案例——企业文化调研结果

由图 6–5 可知，管理层明显超过或达到及格标准（2 分）的仅有客户导向和诚信，在团队承诺、创新、责任心方面和员工有较大差距，而且管理层对公司文化特征的认可度普遍低于员工。这个结果和之前在同高管访谈中获得的信息是基本一致的。

如果要建设一个区域领先的公司，必须有很强的团队凝聚力，而这方面主要反映在团队承诺、责任心和目标感方面，这些文化特征应当在良好（3 分）以上。

接下来进入定量分析阶段，整合了战略演绎、高管访谈、员工访谈三个环节的输出。项目组认为关键岗位的胜任力模型为：

· 战略思维：看问题有高度，从长远出发考虑问题。

· 团队凝聚：善于和团队成员互相紧密配合，愿意为同事提供帮助，团队意识较为突出。

· 执行推动：目标感较强，围绕目标采取多种方法推动执行，以达到预期的要求。

· 培养下属：可以较熟练地运用各种技巧辅导与感召下属，也可以在恰当的时候施加压力。

· 抗压应变：面对压力时能积极应对，并不断采取新的方法进行沟通和协调。

· 精细运营：善于细致分析工作的目标与达成目标所需的整体流程，对关键点进行监控与跟进。

通过和其他标杆企业进行横向对比，又添加了一条胜任力：

资源整合：有意识地建立人脉，善于调动资源，具有良好的协调意识。

那么，为了实现一开始的三个目标（管理模式上的输出、企业价值观的加速塑造、人才标准的构建）中的第一个目标“管理模式上的输出”，项目组帮助这家企业完善了人力资源中同人才管理、干部管理密切相关的管理制度，其中包括：

·《人才梯队建设管理办法》

·《干部管理办法》

·《员工培训管理办法》

接下来的汇报会上，并不简单讲输出的成果，更多讲在成果之外发现的管理问题、管理人员思想意识的问题。因为胜任力只是一个点，项目组更希望通过胜任力这个点，来牵引企业人力资源管理水平的提升及企业文化的再造和凝聚。那么，董事长也对项目组的努力和成果表示认可，并希望可以进一步帮助人力资源部把胜任力落地。他形容现在的人力资源部还是“小米加步枪”的时代，要实现鸟枪换炮就要靠有先进经验的咨询公司。

第四节　×× 企业胜任力模型修订咨询项目：要求授之以渔

×× 企业打算重新修订胜任力模型，该模型在 3 年前已经由 ×× 知名咨询公司交付。但是在使用过程中主要发现了三个问题：一是模型中的分级描述不太清晰，而且缺乏案例，导致理解和实施困难；二是由于组织结构的变化，中层担负的职责有变化，需要承担更多赋能和引领的动作，而原来的模型已经不能体现；三是原有模型只涵盖了业务线的胜任力模型，这次要求也能涵盖职能部门。

通过进一步调研，项目组发现该企业所处行业目前已经由“粗放增长”变化为“细致运营”，需要提升人员效率，增强组织能力。组织刚刚进行了一次裁员，差不多裁减了15%的人员。而中层原来的定位是以“战略执行”为主，现在的定位则是以“赋能凝聚”为主，一方面高层会给中层比过去更多的权责；另一方面要求中层能够充分发挥主观能动性，打造有凝聚力和战斗力的团队。

之所以没有选择上一家咨询公司，主要是觉得性价比不佳，虽然投入重金，但是没有看到实在的效果。这次希望选择一家更接地气、更善于“授人以渔”的咨询公司。

总体来说，企业有两个要求：

· 胜任力建模需要兼顾中层的业务线和职能线，胜任力描述分层级，要求可观察、可评价的行为化。

· 建模的同时注重技能的移转，需要设计基于中层的面试题库，并通过面试官培训，让面试官掌握面试操作流程和技巧。

针对第一个要求，项目组主要把原来模型修订为“N+X”的框架。N就是中层胜任力，X就是职能胜任力或者叫专业胜任力。针对第二个要求，项目组基于自己的select pool，从中遴选合适的题型作为面试题库，并通过面授和实操培养面试官。

虽然这是一次模型修订，但是实际上接近于一次新的标准建模。项目组在之前建模的基础上，一方面重视演绎的部分，也就是高层对胜任力的要求；另一方面重视专业胜任力部分。

项目组在制订计划后，确定了甲方需要提交给我们的资料，清单如下：

· 组织架构图、职位列表、职位说明书。

· 战略资料。

· 过往专业知识、技能梳理结果。

· 过往胜任力模型。

· 中层业务线、各职能的绩效考核指标。

以下是原来的中层胜任力模型：

· 目标推进：为了达成目标而持续推动任务和施加压力，确保任务目标达成。

· 客户导向：展现出良好的客户思维，充分理解客户需求，结合需求为客户提供真正需要的服务。

· 抗压应变：善于承受压力与迎接挑战，面对困难有战之必胜的信念，并能够将这种信念传递给团队。

· 团队领导：关注团队整体能力的培养与提升，善于用多种方法进行激励，调动员工的积极性。

· 创新突破：具有良好的创新意识，能较好地引导团队成员在创新方面投入更多的精力。

项目组在同董事长访谈时，董事长对中层干部的要求主要如下：

· 需要考虑企业未来的发展，希望中层至少有 10% 的时间思考 3~5 年后的事。

· 善于用人。首先，要能授权，而且要能放权；其次，能调动员工，特别是在士气不振时；最后，要能认清大局。

· 考虑问题要善于跨界，善于发散。

· 要有学习能力，这个行业更新很快，2~3 年后现在的知识就没用了。

· 要善于协同，虽然现在业务不少，但是要抓主线。

项目组通过编码得出董事长对人员的要求：

· 需要考虑企业未来的发展（前瞻性）。

· 要善于用人，首先要能授权，而且要能放权；其次要能调动员工，特别是在士气不振时；最后要能认清大局，不要搞小政府（授权支持、激励凝聚、合作支持）。

· 考虑问题要善于跨界，善于发散（创新思维）。

· 要有学习能力，这个行业更新很快（学习领悟）。

· 要善于协同，虽然现在业务不少，但是要抓主线（协同聚焦）。

项目组在同董事长包括高管交谈后，发现领导们对中层干部的要求是迫切的、聚焦的。他们形容中层干部就是“腰”，企业要转型，全靠腰。由于企业处于高科技行业，所销售的产品又是紧俏型产品，所以面临来自国内外的巨大竞争压力。对于中层干部，一方面要有过硬的业务能力、快速成长；另一方面要有强有力的团队支撑，能够聚力研发高精尖的产品。

接下来是绩优人员访谈，项目组着重于职能部门的访谈，其中包括研发、质检、生产、财务、人事等。以下为部分访谈：

访谈 1：干部要对自己的业务有清晰的认识。有些干部不喜欢读图纸，而是靠经验判断。在关键技术问题上不能依赖下属，要建立对一手资料的清晰理解。

访谈 2：不同的部门对问题的认识是有差异的，质检的角度是影响合格率的，制造的角度是需要符合图纸要求的。需要不定期地沟通，用小组评议的方式，把问题和困难逐级上报。

访谈 3：作为职能管理人员，既是引导者，也是服务者。需要做具体的工作，有服务到底的意识，逻辑思维清晰，通过跨部门沟通达成合理的要求。

在这几个访谈中，依次体现了“专业造诣”“跨部门协调”“服务意识”等胜任力。项目组通过高层访谈、绩优人员访谈、战略文件分析、焦点小组访谈四种方法，最后得出胜任力模型如表 6-7 所示。

表 6-7　N+X 胜任力模型

素质项		部门					
		业务	研发	质检	生产	财务	人事
N	前瞻思考	√	√	√	√	√	√
	创新思维	√	√	√	√	√	√
	学习领悟	√	√	√	√	√	√
	协同突破	√	√	√	√	√	√
	赋能凝聚	√	√	√	√	√	√

续表

素质项		部门					
		业务	研发	质检	生产	财务	人事
X	客户导向	√	/	/	/	/	/
	市场敏锐	√	/	/	/	/	/
	专业造诣	/	√	/	/	/	/
	产品思维	/	√	√	/	/	/
	质量控制	/	/	√	/	/	/
	风险意识	/	/	/	√	/	/
	精益运营	/	/	/	√	/	/
	降本增效	/	/	/	/	√	/
	数字敏锐	/	/	/	/	√	/
	风险管控	/	/	/	/	/	/
	人际敏锐	/	/	/	/	/	√
	服务意识	/	/	/	/	/	√

这个胜任力模型的不同之处主要在于：

· 根据企业战略和人才要求，对胜任力模型进行了再思考，在共同部分保留了创新思维，对其他则进行了调整和增补。

· 除了之前的业务条线，又增补了新的职能线，包括研发、质检、生产、财务、人事，使胜任力模型更加完整，涵盖整个中层。

胜任力模型只是本项目交付的一部分，还有面试技能的移转。项目组根据相关干部和人事的能力，制订了一个三步走的培养计划。

首先，项目组把学员按照能力和职责分为两个班：初级班和高级班。能力较强且有决策能力的，分到高级班；能力一般且辅助决策的，分到初级班。

其次，设定学制。初级班的学制为 1 个月，其中流程为讲师授课—小组学习—实操演练三个环节；高级班学制为 3 个月，其中流程为讲师授课—小组学习—个别辅导—实操演练。所有学员在学制结束时，需要通过项目组专家考评，分为优秀、合格和待努力三等。

最后，项目组要针对两个班，安排多位专家进行授课和辅导，并在培养过程中同甲方密切配合，接受反馈和调整培养计划。

项目组在实施培养计划的同时，设计了基于中层的面试题库，并在培养过程中把面试题库和面试技巧传授给学员。

在培养计划结束后，项目组发现，相对初级班，高级班的培养效果比较好，合格率也明显提高。所以，企业在预算充足的前提下，建议选择长程、有针对性地辅导。

第七章
谈谈胜任力大数据

第一节 房地产企业领导力分析

笔者通过 model pool，对排名前 100 中的 10 多家房地产企业的领导力模型进行了分析。研究发现，房地产行业的领导力模型有较高的重叠性，同时也展现出多样性。

这 10 多家企业的领导力模型均在 2005—2015 年构建完成。模型采纳的原则是，主要针对排名前 100 的房企中高层的领导力模型。一般中层和高层的领导力模型有明显区分，在不同企业，所谓的中层和高层的定义也不同，比如有些企业的中层包括城市经理，有些则不包括。所以在领导力对标时，尽量以不同企业相同层级的模型为参照，统称为中高层。有些企业的领导力模型没有明确划分层级，所以在数据上会存在“关公战秦琼”的情况，好在这是一小部分。

在领导力条目的核对上，笔者主要归纳意思相近的领导力，如“专业研判”和“专业造诣”，“人才发展”和“梯队建设”，“追求卓越”和“不断超越”等。还有些领导力，同时存在两层意思，如“卓越执行”，既归入“追求卓越”，也归入“高效执行”。

归纳的原则是，只要出现 4 次（含）以上，那么就视为房地产中高层常见的领导力，一共得到 14 条领导力，它们是：

· 追求卓越：积极主动地追求更加卓越的工作成果，视实现组织目标为己任，能激发其他员工的工作热情。

· 经营意识：具备较强的商业思维，运营决策中比较关注盈利，同时具备较强的风险把控意识。

· 拥抱变化：对于即将到来的挑战持积极态度，愿意迎难而上，有韧性和良好的心态。

· 结果导向：要求团队成员对结果负责，也善于发现、利用团队成员的优势有针对性地完成各种任务。

· 高效执行：关注管理工作中的关键节点，落实公司的目标和工作要求，严格要求他人达到所规定的绩效标准。

· 团队管理：关注团队整体能力的培养与提升，能够将打造团队能力提升到组织管理层面。

· 塑造组织能力：能够对工作进行统筹规划，任务、职责与权限的界定明晰合理，各位下属能够各司其职。

· 客户导向：重视客户体验与感知，积极在团队内宣传满足客户需求的公司理念。

· 学习成长：乐于尝试全新的任务和工作，通过不断学习来提升自己在各方面的能力。

· 跨团队协作：有大局观，在跨模块工作中进行平衡和调整，有效协调各模块资源，推进工作有效完成。

· 梯队建设：具有较强的培养下属的意识与能力，能够给予下属具体、明确的指导。

· 市场敏锐：建立完善的信息收集机制，关注对手与市场环境的变化，能够准确预测市场趋势。

· 善用资源：善于建立良好的合作关系，也善于调动资源，在解决实际合作问题时积极协调。

· 持续创新：具有较好的创新意识，重视在工作中实现创新，积极思考如何开展工作能与以往不同。

在以上的领导力中，“团队管理”和“塑造组织能力”的意思相近，“结果导向”和“高效执行”的意思相近。之所以没有合并，是因为在不同企业中，这两对领导力的意义可能会有不同。

先说“团队管理”和“塑造组织能力”这一对领导力。一方面“团队管理”是个比较大的概念，包括组织、计划、控制、激励等方面，而每个企业在编制这个领导力的时候，侧重点可能不同；另一方面“塑造组织能力”的意义可能是梯队建设或是赋能辅导。所以保留这一对领导力，供企业在不同用途时参考。

“结果导向”和“高效执行”这一对领导力虽然都指向目标，但是侧重点有所不同，前者强调结果，后者强调过程，所以也保留以供企业参考。

接下来计算频率，计算的方法是以领导力在模型中出现的次数作为依据，如果相似的领导力在同一个模型中出现 2 次，计为 2。结果参考表 7–1。

表 7–1　领导力出现频率 1

领导力	出现频率 / 次
团队管理	9
追求卓越	8
拥抱变化	6
塑造组织能力	6
经营意识	6
持续创新	6
学习成长	5
梯队建设	5
市场敏锐	5
跨团队协作	5
善用资源	4
客户导向	4
结果导向	4
高效执行	4

按照“团队管理”“业务管理”“自我管理”“人际交往”对领导力进行分类。结果如表 7–2 所示。

表 7–2　领导力出现频率

分类	领导力	出现频率 / 次
团队管理	团队管理	9

续表

分类	领导力	出现频率 / 次
自我管理	追求卓越	8
自我管理	拥抱变化	6
团队管理	塑造组织能力	6
业务管理	经营意识	6
业务管理	持续创新	6
自我管理	学习成长	5
团队管理	梯队建设	5
业务管理	市场敏锐	5
人际交往	跨团队协作	5
业务管理	善用资源	4
人际交往	客户导向	4
业务管理	结果导向	4
业务管理	高效执行	4

其中：

·“业务管理”领导力出现频率合计为 29。

·“团队管理”领导力出现频率合计为 20。

·“自我管理”领导力出现频率合计为 19。

·“人际交往”领导力出现频率合计为 9。

所以发现房地产行业中对高层管理者比较重要的是“业务管理”“团队管理”“自我管理”领导力。

那么，这 14 条领导力在受调研企业领导力模型中一共占了多少比例？占了 71%，还有 29% 是出现频率较小的领导力（低于 4 次）。这些领导力有哪些呢？

其中，包括股东视角、强力影响、战略思维、正直诚信、专业素养等。

普遍认为中高层必须具备的领导力，如“正直诚信”“战略思维”，倒是没有出现在高频率领导力名单中。这说明每家企业的价值观有明显不同。

像 W 企业，强调股东视角和伙伴关系。

像 H 企业，强调引领价值导向和正直诚信。

像 D 企业，强调以身作则和专业素养。

正是因为价值观的不同，导致企业在领导力上有差异。

笔者认为，分析结果可以供房地产企业在建模时做参考。在建模时，企业可以结合自身的企业文化 + 行业标杆，来构建自己的领导力模型。

第二节　干部领导力分析

“干部”一词来源于日本人意译法语“cadre”（骨骼）。在中国，“干部”一般指经理层及以上人员。

在我国，无论是外资企业还是国营、民营企业，都对干部管理给予高度重视。例如国资委曾聘用过一批专门为大型央企高管测评和命题的面试专家，有一定规模的企业会在总部人力资源专门设立“干部管理”职能。

干部管理的特点在于，同一般人员管理相比，管理体系更加系统和严谨，在企业中占有更多的资源且充分体现企业文化。干部管理的体系是一个三步走的过程，称为“定标准、筛人才、重培养”，其中最为重要的是“定标准”。由于干部往往要承担重要和困难的任务，他的职责显得较为复杂和综合，特别是对于高管层级，也称领导班子。

在为“干部”构建领导力时，有以下特点：

首先，“干部”领导力的条目比较少和精练。

其次，“干部”的领导力在中层干部和高层干部上又呈现出不同的倾向。

高层的领导力所用到的胜任力往往和中基层有所不同。本书第五章提到，中基层的胜任力可以用自我管理、人际交往、团队管理、业务管理四方面来概括。

以××企业中层干部的领导力为例：

团队协作——关注团队整体任务的完成，而不是个人观点的被认同。

沟通表达——能够洞察沟通情境，准确理解语言与非语言的信息；能意识到自己和他人的情绪体验。

冲突管理——能够保持冷静，在压力中不断前行，能够展现出自己的韧性，最终把事情解决。

统筹计划——根据任务的轻重缓急确定讨论次序，分配任务以实现目标。

灵活适应——接纳变化并积极采取适宜的方式进行调整和改变，保持与环境良性互动。

目标导向——目标感较强。在实际工作中，能够围绕目标采取多种方法推动执行，以达到预期的要求。

通过 model pool 分析，发现高层干部要具备较高的视野，能主动带动变革，具备同企业和品牌高度相符的价值观。这些要求用“三个大”来概括，即“大视角”“大变化”“大信仰”。

“大视角”：

战略思维——从长远角度出发思考问题，并制定与战略目标一致的行动规划。

全球视野——关注全行业的技术与管理发展趋势，对标先进水平。

资源整合——协调各方资源，以产生高效工作成果。

“大变化”：

创新突破——敢于突破模式，主动提出新环境下的改进建议。

引领变革——鼓励团队以不同或创新的方式来处理问题。

拥抱变化——具备较好的灵活性与应变性，善于在不确定和多变的环境中推进工作。

"大信仰"：

营造文化——高度认可企业文化并身体力行，塑造符合企业价值观的行为。

高管风范——表现镇定、可靠和自信的风范，使他人恢复信心并赢得尊敬。

企业家精神——不满足现状，追求挑战性的企业发展目标，不自负，持续突破自己。

品牌信仰——行为处世遵循品牌的理念和文化，对品牌具有自豪感与持续的热情。

以 ×× 企业高层管理者的领导力模型为例：

调动资源——在自己管辖的范围内充分地运用团队力量和多方资源，以最小成本、最高效率达成组织目标的能力。

大局观——规划实施工作时能考虑组织的整体情况，基于组织整体的利益和目标做出合理的决策。

商业敏锐——深刻理解组织的财务、市场和运营职能及相互关系，并能快速做出良好的商业判断和决策。

战略前瞻——根据对市场未来变化的判断，做出前瞻性的战略决策，影响组织中长期的发展。

引领变革——乐于寻找并抓住新的机会，勇于承担巨大风险对组织或者团队推动颠覆式的变革并产生市场影响力。

各位读者会发现该模型基本符合"三大"的规律。

这是对高层领导力的基本认识。但是在实践中找到领导力如此全面而又突出的人才很难。因为领导力源于禀赋，而这些禀赋之间往往是互相矛盾的。比如领导者可能善于创新和变革，但是不善于运营和协调；领导者可能善于分析和解决，但是不善于影响和引导。

所以，在"搭班子"的时候，通常会强调彼此之间的领导力能够互补，比如 A 擅长战略思维和资源整合，B 擅长商业敏锐和团队引领，那么 A+B 是一个好的组合。

以携程四君子为例，梁建章、季琦、沈南鹏、范敏四人在经历和能力上高度互补。季琦充满激情，能够很好地带动和影响他人；而沈南鹏决策果断，思考严谨；梁建章善于推理和分析，且有前瞻性，能够较快地设定解决方案；范敏为人谦和且深耕酒店多年，富有经验。这四人构成了一个“理想”的班子。

在为高层选人时要看全面性，更重要的是看超过均值的长项。比如 ×× 国企正在转型突破、经营创新业务。在为 ×× 这家国企选人时，由于该国企的班子中已经有擅长凝聚团队、运营协调的干部，所以项目组更着重于考察注重布局和创新的干部。当然，这也要建立在其他领导力基本均衡且没有明显短板的前提下。

对于高层领导力的理解，应当是对于整个团队的认识，而不是单单基于某个人。所以，在应用高层领导力模型的时候，要具备灵活性，不能死抠标准，必须动态地考虑企业的经营环境和班子情况，这样才能做出用人决策。

第三节　专业胜任力分析

专业胜任力，是胜任力三大分类中的一种。三大分类是通用胜任力、领导力和专业胜任力，最早由 Spencer 提出。Spencer 和他的妻子写成了《才能评鉴法》，而且是真正提出冰山模型概念的心理学家。

专业胜任力和任职资格之间的关系不容易分清。在笔者看来，它就是任职资格，只不过是狭隘的、浓缩的任职资格。早年在接项目时，有些客户会让我们来构建某个专业条线的胜任力，比如研发。但是，我们并不急于去接项目，而是让客户搞清楚要的是任职资格还是胜任力。

要构建专业胜任力的话，其主要由两条线组成：一条是和心理特质密切相关的胜任力；另一条是和知识技能密切相关的胜任力。就心理特质来说，它通常具有行业和专业的普遍性。

先来说行业：

银行：风险意识。

酒店：细致管控。

电力：安全意识。

对银行来说，风险意识一直是重中之重。

愿景：成为有创造力的银行。

使命：

· 客户：为客户提供优质服务。

· 员工：实现员工与企业的共同成长。

· 社会：促进社会发展。

理念：团队精神、诚实守信、风险控制、改革创新。

工作准则：客户利益至上、合规经营、公平竞争、风险与收益平衡、诚信、责任心、专业和进取、分工与授权、合作。

以上 ×× 银行的愿景、使命、价值观，其中至少提到了两次“风险”。

再说酒店，酒店是最能体现服务精神的行业之一。屡屡爆出的五星级酒店服务质量问题，就是服务体系出了问题。笔者曾参加过某酒店集团的项目，在和总经理交流的过程中，深深感受到他们对服务的重视、对细节的深刻理解。酒店和酒店之间，就硬件而言固然可以有较大差别，但最大的差别仍然是在人的服务层面，需要层层叠叠的管理才能实现。国际五星级酒店的职业经理人特别受欢迎的原因就是，他们接受过专业的训练，能帮助酒店提升管理水平。

最后说说电力行业，电网最近两年也在转型，如“两网建设”，对融入物联网提出了要求。但是就传统而言，保障电力供应是电网的根本性要求，电力安全是居民的保障。

这是从行业的角度而言，从职业的角度来说则有不同的要求。专业胜任力如图 7-1 所示。

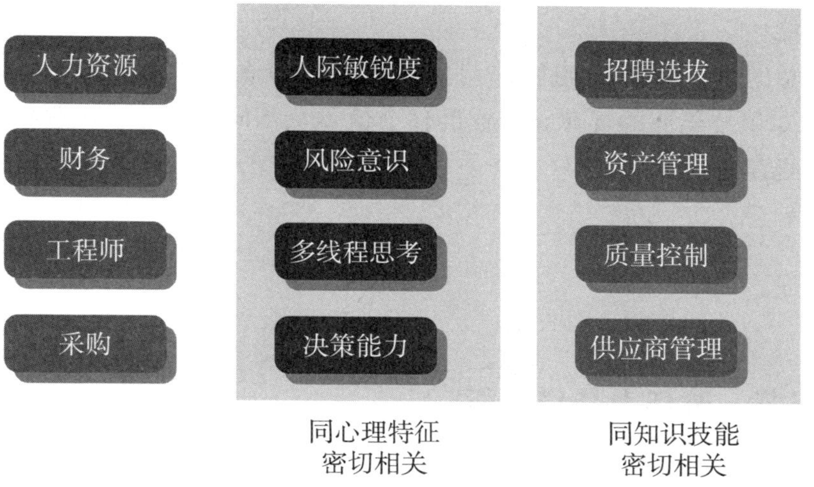

图 7-1　专业胜任力

如人力资源需要人际敏感度，采购需要决策能力。不同岗位的工作性质，如是否跟人打交道，工作中处理事务的主要方法，都决定了同心理特质密切相关的专业胜任力。

和知识技能密切相关的胜任力，严格意义上已经不能叫胜任力。在胜任力是个筐，什么都往里面装的情况下，仍然会有这样的情形。比如财务，可能需要编制财务报表、税务处理、资金管理等专业技能；人力资源，可能需要招聘选拔、薪酬绩效等专业技能。

为了验证，通过 model pool 对 10 多家 Top100 的房企职能部门的专业胜任力进行分析，发现按照职能分类有 10 多类。从中摘取了常见的条线，并对专业胜任力进行了归纳：

营销条线：自我激励、市场敏锐、咨询能力。

工程条线：质量意识、专业造诣。

客户条线：冲突管理、问题解决。

项发条线：市场敏锐、投资决策。

备注：项发条线在不同的房企对应的名称不同，如项目发展、项目研发等；客户条线的名称则是客户服务、客户关系等。

以营销条线为例，自我激励和市场敏锐偏重心理特征，而咨询能力偏重知识技能；工程条线中，质量意识偏重心理特征，专业造诣偏重知识技能。

总之，从房地产职能部门的专业胜任力看，基本符合“心理特征 + 知识技能”的规律。专业胜任力值得从不同的行业、职业找到其中的规律。

第四节　胜任力分级分析

胜任力模型有两种典型的分级模式：一种是“意识 – 行为”法，比如大学四年的“知道不知道”是其中的典型；另一种是“程度”法，就是在技能和范围上逐层扩大，比如由自我、团队到组织。这是两种常用的分级模式，是否有可能结合项目找到胜任力分级的常用方法呢？

首先，以“追求卓越”为例。

笔者在 model pool 中找了 4 家公司，这 4 家公司都具有一定规模且在经营上保持盈利，这些公司都属于不同行业。这 4 个模型面向的层级基本类似，针对中高层管理者。因为这 4 家公司的模型中并不完全包含“追求卓越”，笔者以相近的胜任力作为比较的对象。

在开始比较层级前，先看一下定义。

企业 1：激情进取——有把事情做好的强烈愿望和敬业精神，对本行业充满热忱，有理想、有抱负、有韧劲，不断给自己设定挑战性目标，坚持不懈地追求事业的持续成功。

企业 2：追求卓越——是指一切以绩效为导向，追求价值创造，不断超越，努力达成优异业绩的行为特征。

企业 3：追求卓越——拥有不断超越自我的愿望和激情，积极主动地追求更加卓越的工作成果，视实现组织目标为己任，激发其他员工的工作热情。

企业4：务实精进——以务实的态度完成工作计划和目标，不断地设定挑战性的目标并采取行动。

通过比较，发现这四个定义都包含“目标”“不断”“成果/绩效”这样的词语。除了企业3的定义包括“激发其他员工的工作热情”，其他定义基本类似。因此可以认为，这四个胜任力是相近的。

接下来看分级，首先看企业1：

· Lv1 有想把经营管理工作做好的愿望。

· Lv2 热爱所在的行业，对自己的工作有要求，不能容忍经营资源浪费和工作的低效率。

· Lv3 以乐观积极的心态投入工作，主动寻求提高和改进，为自己订立具有挑战性的经营管理目标并采取具体行动去实现。

· Lv4 愿意接受挑战，对于出色完成任务和取得经营成果有强烈的渴望；在面对较高风险的任务时，自信果敢，敢于拼搏，勇于承担。

· Lv5 喜欢迎接挑战，即便没有被要求，也能始终将超越目标和他人期望作为自己的奋斗目标，并为此付出长期的努力，成为所在行业的典范。

这个层级略多，如果认真分析，会发现层级间的跨度并不大。它的层级结构：目标设定—主动达成—持续改进—迎接挑战—挑战自我。从这个结构发现，整体层级是一个量的提升，最后可能实现质的转变，同“程度”法类似。

接下来看企业2：

· Lv1 表达出想要把本职工作干好的愿望。

· Lv2 对自己和团队的工作提出更高的要求，而不是仅仅满足于达到上级或者别人制定的目标。

· Lv3 在明确自己工作目标的基础上制定了更具挑战性的工作目标，并为之付出了努力和代价。

· Lv4 进行仔细的成本－效益分析后，采取行动；锲而不舍，不怕失败，做事力求完美。

企业2和企业1的层级在一开始是接近的，而在最后层级略有不同。笔者称这个要求为“理性完美”，一方面追求绩效；另一方面追求自我。说实话，这个层级是有点“分裂”的，这体现了当时模型设计者的两种倾向。这个分级的结构是：目标设定—较高要求—迎接挑战—理性完美。

然后看企业 3：

· Lv1 无须他人推动或外在刺激，主动为自己设定更高的目标，并付诸行动。

· Lv2 迎难而上，主动接受挑战性任务，不介意将自己置于挑战性极强的环境中。

· Lv3 对实现目标充满信心，并能感染团队，激发团队对于追求目标的热情，促进目标的实现。

· Lv4 始终从公司整体利益出发，督促自己及员工的行为与公司的愿景、目标等保持一致。

从上面的分级中发现，这四个层级是这样的结构：标准设定—迎接挑战—激发团队—组织承诺。

最后，企业 4 的层级，因为与之前企业的内容类似，这里就不写具体的分级内容了，而代之以层级结构：达成目标—关注细节—持续改进—迎接挑战—挑战自我。

得到层级结构后，再进一步从两个角度来分析：分级的模式、层级的必要性。从分级模式上讲，企业 2 和企业 4 主要是“意识 - 行为”法和“程度”法相结合。“意识 - 行为”法体现在两者的第一个层级基本都属于意识层面，如“表达……愿望”，而不是行动层面。之后的层级中则体现出行动。“程度”体现在，从“达成目标”到“挑战自我”和“理性完美”都属于可积累，而企业 3 除了用“程度”法，在第二到第三个层级，从激发个人到激发组织，在内涵上也有变化，这就属于不可积累。

从层级的必要性上讲，追求卓越通常包含的层级有“目标设定”“迎接挑战”，可能包含的层级有“目标达成”“持续改进”，分化的最高层级包括“挑战自我”“激发团队”“理性完美”。如果认真翻阅笔者提到的几本词典会发现，“挑战自我”和“理性完美”在 Hay 的千禧版能力词典和才能评鉴法中都有。词典之所以成为词典，是有其必然性的。追求卓越层级分析如图 7–2 所示。

关于“理性完美”，笔者觉得奇怪的原因是，在两本词典中“理性完美”这个层级通常是被拆解为两个层级的，也就是先“理性”（成本效益分析）再“完美”（坚持创新和努力）。而“激发团队”之所以会出现，是因为在企业 3 的胜任力定义中已经包括了“激发其他员工的工作热情”。

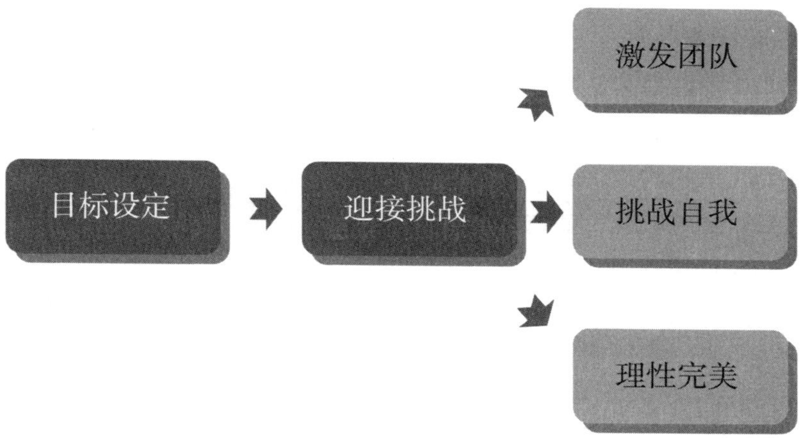

图 7–2　追求卓越胜任力分级

所以推导出，“追求卓越”比较合理的分级是三层，设定目标—迎接挑战—挑战自我。根据不同企业的要求，可以把最高层级改为“激发团队”和“理性完美”。

通过由实践到理论的推导，可以发现哪些层级在实际中是必要的，而哪些层级可能是不必要的，譬如 BARS 中设置了 8 个层级，而实际需要的层级只有 2~3 个，这对于在未来指导和简化分级的工作是有建设意义的。现在分级的工作，往往处于“拍脑袋”的状态。虽然参考了胜任力词典，但并不清晰哪些层级是必要的，哪些层级是不必要的。词典的好处在于它很全面，而且是经过辩证的，缺点是过于刻板和求全，不能做灵活调整。

再举一个例子，客户导向：

一是 Hay 千禧版词典。

服务精神：

· Lv1 有问必答。

· Lv2 保持沟通。

· Lv3 亲自负责。

· Lv4 超常服务。

· Lv5 专业参谋。

二是才能评鉴法。

顾客服务导向：

· Lv1 专注能力。

· Lv2 提供必要的服务。

· Lv3 清晰沟通。

· Lv4 随时响应。

· Lv5 长期顾问。

笔者又在 model pool 中找了 2 家公司，模型中相关的胜任力分别是：

企业 5：

客户至上：

· Lv1 重视客户。

· Lv2 倾听和理解需求。

· Lv3 关注客户需求。

· Lv4 持续改进。

· Lv5 满足潜在要求。

企业 6：

客户服务：

· Lv1 微笑服务。

· Lv2 把握需求。

· Lv3 达成满意。

· Lv4 收集信息。

省去中间的分析过程，最后总结“客户导向”的常见分层为：倾听和理解需求—随时响应—长期顾问。客户导向胜任分级如图 7-3 所示。

胜任力不只是可以自上而下（从词典来分析），也可以自下而上

（从实际案例分析总结）。本书只是就 2 项胜任力进行了深入分析，事实上常用的胜任力项有 20 项之多。如果逐个分析，有可能找到“胜任力地图”，并且能进一步分析胜任力之间的相关性，甚至能够对胜任力所涉及的底层心理指标（包括个性、动机、价值观）做进一步分析，这将是很有意义的工作。

图 7-3　客户导向胜任力分级

第八章
胜任力高阶技巧分享

第一节　胜任力模型 VI 设计

交付胜任力模型的过程中最容易忽视的一项，就是胜任力模型的 VI，也就是形象设计。

有些人不以为然，不就是画个模型，有那么重要吗？胜任力模型好看和难看真的差异很大，早年笔者在某行看到的胜任力模型，觉得胜任力模型的外观和该行的地位不符。

什么才算是美的胜任力模型呢？笔者认为，要融入企业文化和审美意识，才算是“美”。

举个例子，复地的胜任力模型，是基于复地的价值观“修身、齐家、立业、助天下”，以此为基础构建了一个以八卦为模板、价值观为框架、胜任力模型为内容的 VI，如图 8-1 所示。

图 8-1　复地胜任力模型 VI

××服装企业的价值观是“唯创意为上品”，使命是“让时尚走入寻常人家”。该企业的企业文化充满了“创意”。所以，这家企业的VI也很有创意，采用三角形叠加的方式展现了胜任力模型，用风筝的方式传达希望、活力和创意。

这也给了我们一些启示，在设计胜任力模型时可以参考该公司的logo。万科的胜任力模型就是这方面的例子，大家注意万科前后的两个模型是有较大差异的，后一个领导力模型（图右）融入万科的logo，如图8-2所示。

图8-2　万科胜任力模型VI

好看的模型，它的构造不一定复杂，但是它一定有某种元素，譬如三角形。这种元素，既是一种符号，又是一种象征，更是一种隐喻。它不只是语言上的，也是意识上的；不只是形式上的，也是内涵上的。实际上，人类对于图像的敏感度远胜过文字，一个好的构图有时远胜过其中的内容。

第二节 胜任力命名规律

胜任力命名，重要吗？

为了让大家了解这个话题的意义，先举个例子。某次在构建胜任力模型时，有位老总对“追求卓越”这个词语有异议，他认为应当用“激情”。原因是这个词语感召性一般，没有精气神，不能呈现关键人才需要具备的核心能力，需要再提炼。但是在场的其他几位领导觉得这个词语有点空洞，提出能否找到一个介于“追求卓越”和“激情”中间的词语。无论是哪一个词语，意义是类似的，都是表达责任使命的意思。由此可见，虽然项目中强调胜任力的落地，但是形式仍然是客户领导的关注点。

胜任力是个舶来品，所以在建模时，最早都是引用国外的胜任力名称，例如 FYI 中的“管理愿景和目标”“以顾客为中心”等。但是也有不靠谱的，如道德观和价值观、专业技能。前者在每家公司的定义中都有差异，对价值观的阐释也是不同的；而后者针对不同的专业序列，含义也是不同的。还有一些则是词典翻译得不好，例如“智慧”，其实是概念化思维的意思。当然也有翻译得比较好的，例如人际手腕、慧眼识人。

要掌握胜任力命名的方式，就要对胜任力名词的结构有所了解。经过总结，笔者认为可以分为四种：

- N+N，名词 + 名词，如组织敏锐、信任包容、结果目标等。
- V+V，动词 + 动词，如执行推动、培养辅导、授权支持等。
- N+V，名词 + 动词，如资源整合、细节管控、团队凝聚等。
- V+N，动词 + 名词，如激励他人、培养下属、组建团队等。

还有一种是后缀型：

· 如 ×× 能力，比如谈判能力、组织能力、公关能力等。

· 如 ×× 意识，如品质意识、规范意识、安全意识等。

· 如 ×× 敏锐，如财务敏锐、政治敏锐、市场敏锐等。

· 如 ×× 精神，如狼性精神、工匠精神等。

有人会问，为何胜任力词条一定要四个字，两个字、三个字可不可以，五个字可不可以？当然可以，如通用电气的 4E 中包括了 Edge（决断力）。专业胜任力通常字数较多，如采购的胜任力中包括“招投标管理”和“供应商管理”，电子商务的胜任力包括“数据挖掘及分析”和“技术服务和支持”。

无论胜任力是多少字，最关键的一点是含义要清晰准确，而不是“高大上”。笔者会要求澄清胜任力的含义，比如同样是“管理能力”，可以是组织规划、授权支持，也可以是梯队建设。

文章开头的那位领导，他追求的是词汇要有想象空间、直达内心。这种做法虽然体现了胜任力的宣传价值，但是和他的实际价值是不匹配的。话虽然这么讲，但是因为胜任力实在是太普遍了，不少老板就是在追求“与众不同”。于是在项目中，有时候就变成了“抠字眼”。比如学习能力改为“学习领悟”，市场敏锐改为“商业洞察”。

第三节 胜任力“小而精”

有朋友让笔者给他们的胜任力模型提意见。笔者看了他们的模型，有一个感受，模型大而全、胜任力众多；有个别模型，为了和人才测评相结合，连各项胜任力的权重都列出来了。笔者主张胜任力模型以短小精悍为好。所谓短小，就是不要超过 10 条胜任力；而所谓精悍，就是能体现自己企业的人才标准同其他家的差异。

胜任力大而全有几个问题：

· 招人往往很难，每一条标准都对应着要求，所以人才标准的提升意味着人才变得昂贵。

· 评价人的时候，容易忽略重点。在做人才盘点时，会发现尽管信息很多，最后起决定性作用的就是几条。

人不是计算机，无法同时考虑几十条信息，最后的衡量重点往往是若干胜任力和经验。虽然现在数字化浪潮很盛，但最终起作用的一定是直觉 + 量化，单凭数字化很难下决定。

大而全的人才标准从前是外企独有的，渐渐地，国企和民企也染上了“陋习”——胜任力模型也开始变得有形无实。不少企业由于预算的原因，往往选择自己做胜任力模型，过往对咨询公司的苛责，未来也有可能转到 HR 部门。

相比之下，笔者更看好小而精的胜任力模型。

笔者曾经访谈过一位总经理，他曾说过，入口选人要好好选，招 7 分或 8 分甚至 6 分的人就行，通过培养、训练，干到 9 分、10 分。10 分的人，不好留。要招有一点浪漫主义色彩的人，会舍弃短期的利益，去忍耐，面对逆境的时候也能行。

他的话很值得回味。他认为，招高标准的人，流失的风险也大。反之，招差点火候的人，更容易保留和发展。这让笔者反思，是不是公司规模越大对人才标准的要求会越来越规范、越来越多？在那些提交大而全的胜任力模型的公司中，笔者发现不仅有大公司，也有中型公司。这同公司规模没有直接的关系，而同领导者和人力资源负责人的理念有关。在他们眼中，如果给人才画了个圈，人才就会往里跳。

人才真的是靠“高标准”来获得的吗？有了“高标准”，就能打造高效团队吗？万科员工手册上有句话：“人才是一条理性的河流，哪里有谷地，就向哪里汇聚。”这句话有两层含义：第一层含义是人才是理性的；第二层含义是在万科的发展中，人才也不断流失。如果说万科无法保留人才，那么恐怕大多数企业都没有把握能保留人才吧。

对于小而精的胜任力，笔者的建议是能充分地体现企业的价值观和企业文化。符合这些要求的人才，保留的时间会更长，也更容易在团队中磨合和成长。

进一步看高管的胜任力要求，其中最高层级的要求会变成空中楼阁。以下是“市场敏锐”胜任力最高层级的行为特征：

在组织内部建立系统性的市场信息收集机制，且深入市场进行调研考察（包括建立当地的关系网络和信息渠道），发现潜在商机，在结合品牌自身优势的基础上，制定因地制宜的竞争策略。

这个描述给人的感觉是既有全面性，又有延展性。所谓的“又全又专”，尽管看上去“很好很强大”，其中却隐藏了某些不能自圆其说的地方，比如提到了“系统性”和“因地制宜”，这两个词本身是矛盾的。因为凡是强调系统的地方，一定是缺乏灵活性的。

在做高管访谈的时候，会发现高管有他自身的特点。高管的特点往往是“一专多能”，在基础知识过硬的前提下有某项特色，而很少是异常全面的。这种异常全面的想法是基于领导的美好愿望诞生的。所以，正如著名专家龙平所说，人只有特点，而没有绝对的优点和缺点。

如果从逻辑的角度进一步去细究这种现象时，会发现这和“特质论”有关。在人才测评中，存在特质论和类型论。所谓特质论，比如16PF、大五。16PF 中有一条叫兴奋性，低分特征是冷静和谨慎，高分特征是轻松和兴奋。如果一个人很兴奋，则很难保持冷静；如果一个人外向，则很难变得内向。这导致的结果是，优势往往伴生着劣势，没有十全十美。

尽管描述过若干胜任力最高层级的行为特征，但是这仅仅是理论。实践的情况会有出入。譬如有次客户问笔者什么是“正直诚信”时，笔者说正直诚信分为两层：一层是言行一致，更高一层是敢于直谏，在上级面前坚持自己的观点。那么，客户是怎么回应的呢？客户没有直接回应，只是表示自己经常屈于压力，服从组织安排。由此可见，在大多数组织中，上下级还是一个很保守的关系。所谓的“直谏”，更多是一种理想的状况。

曾经有一位客户和笔者讨论过，胜任力模型对于哪个层级是有效的？她的观点是胜任力只对基层和中层有效。原因是高层人员的胜任力很难摸清，当时笔者反驳了她的话，现在细想起来，她的话可能是对的。目前的胜任力模型，只能涵盖大概率的情形（因为使用的是演绎和归纳），但是对于小概率的部分，例如马云、史玉柱这样的顶尖人物，你真的就能用胜任力框起来吗？很难！只能假设。马云具备战略思维，史玉柱具备韧性，但是这不是全部，他们的水平已经远远超过了认知水平，你很难用胜任力去描述。

第四节　非典型胜任力词典

严于律己、细致严谨、自信乐观、抗压应变……

以上都是常见的胜任力，听上去“正面积极”，那么是否可能出现这样的胜任力：鼠目寸光、胆小如鼠、两面三刀、沉默寡言等，这些摆不上桌面的胜任力也是有可能成为人才标准的。

比如项目组经常招的助理（干杂活的，不是总经理助理）。他需要的一个胜任力就是“鼠目寸光”。为什么这么说？如果这个助理目光远大、高瞻远瞩，那么他能不能做长就成了一个疑问，可能工作不到 2 个月，就觉得工作枯燥乏味，准备找下家了。所以，“助理”这样的岗位需要“鼠目寸光”。

笔者经常会参加银行面试，在面试应聘柜员岗的大学毕业生时，有一条“潜规则”就是能否安稳做事，用评估表中的维度叫“职业稳定性”。这个“职业稳定性”，除了是否本地人、家庭情况、有没有男（女）朋友等外在条件，面试官主要看这个孩子“乖不乖”。这是一种感觉，如果面试官觉得这个孩子野心过大，想法过多，条件过于优越，就会觉得他不会接受 offer，或者说入职后做长的可能性不大。

有些岗位要找“胆小如鼠”的人，比如风控、审计，这些人严格按照规则做事，轻易不越雷池。举《三国》中守街亭的例子，王平按照军事常规，要守山下要道，而马谡偏偏突破常规，要守在山上，称居高临下、百战不殆。结果被司马懿包围，全军无水可饮、士气低落，导致溃败。有些事要选谨慎的人，选王平这样平实的人，才能把好关、做好事。

有些民营企业，喜欢招成长性高的人，但要分岗位。如果是类似萝卜坑的岗位，还是招目光短浅、稳健的人，这样的人容易保留。

最新的“自变领导力”“自适应领导力”等领导力新范式，笔者觉得不全适用于领导岗位。对于有些岗位来说，抱拙守成、萧规曹随是更好的选择。

禾思咨询曾经深入研究了数十位优秀中层管理人才的个性，发现了最重要的多个个性特质。禾思认为，虽然作为个体很难在每一个方面都很强，但总体而言，在这些方面没有明显缺陷的管理者，更有可能取得成功。

再举一个例子：沉默寡言。这是许多科学家的特点。笔者认为，华为之前在招募行业的领军人才时应该有这个要求。行业领军人物一定要有极高的智商，在正态分布曲线的最右端。叔本华说：“人类每一种优点，都和缺点连接在一起。”极高的智商，往往伴随着极差的社交能力。

许多伟大的科学家和哲学家，其中包括笛卡儿、维特根斯坦、康德、维布伦、牛顿和爱因斯坦，都具有相似的古怪而孤僻的个性。心理学家和传记作者早已注意到，感情冷漠、性格内向特别有助于科学创造力，就像急剧变化的情绪有时可能造就艺术杰作一样。

所以，笔者特别编撰了这本“非典型”胜任力词典，其中包括：

鼠目寸光—口是心非—离经叛道—自以为是—狐假虎威

两面三刀—沉默寡言—自以为是—处心积虑—无中生有

投机取巧—过河拆桥—急功近利—井底之蛙—不识时务

第五节　适合胜任力的企业

根据笔者的观察，多数企业在选择是否上胜任力项目的时候，是不太考虑到底适不适合的，经常是一把手觉得这个东西比较火，就想引入。

实际上，不同的企业对于胜任力的适应度是不同的。有些企业，在引入了胜任力后能够比较快地提升自己的人才管理，还有一些企业的效果不显著。效果的不同，除了企业的重视程度外，还有两个因素就是企业所处的行业和企业文化。

一、企业所处的行业

如果企业所处行业是竞争激烈的，而且产品生命周期短，那么胜任力会更适用。

笔者在这两年发现，一些银行对于胜任力项目的需求有上升趋势。这同银行的行业处境有关，银行在 10 年前一直都是很好的就业选择，但是从金融危机爆发后，逐渐呈下降趋势。从数据上感受到，四大银行的净利润在逐年下降，包括职工人数也在小幅下降，再从应届生的选择来说，银行已经不是最有竞争力的选择，有能力的管理类专业的学生往往选择保险、互联网金融等行业；从直觉上感受到，一些新的金融机构对于人才的吸引力更大。笔者认为，银行开始走下坡路，这时候也是银行狠抓人效的时候，你会看到不少银行对于一线营业网点已经采用“综合柜员”的岗位设置，要求柜员“能里能外”，既能上得了厅堂也能下得了柜台。正是这一变化，推动更多的银行关注人才标准的设置。胜任力适合的企业，如图 8-3 所示。

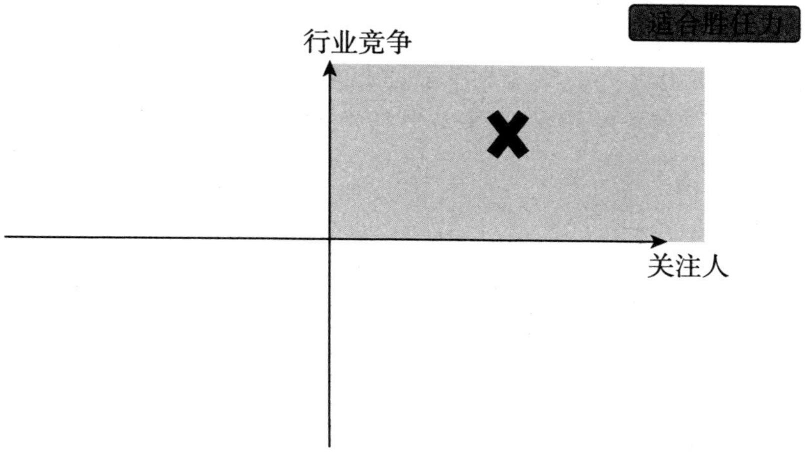

图 8-3　胜任力适合的企业

二、企业文化

根据笔者的总结，胜任力适合在这样的企业文化下应用：

· 追求创新文化。

· 公司依赖人才创造价值。

企业重视人，才会重视人才标准。华为重视人才标准，才会重视人才测评。

中国企业目前对人才的重视度普遍还不够，这就是为何有了胜任力却无法落地的一个原因。目前诸多企业仍然以业务机会为主要爆发点，却不重视组织效率和人才管理。

关于创新文化说起来头头是道，执行起来却处处是坑。创新文化最大的敌人是官僚主义，这在大企业屡见不鲜。阿里巴巴曾经有位员工叫吴志祥，他看好互联网 + 旅游，并写了封信给马云说明他的想法。由于种种原因，他的想法没能实现，于是他在 2002 年创立了同程旅游，并被腾讯下注。差不多 10 年后，阿里巴巴成立了飞猪，做了吴志祥当年做的事。

如果一家企业真正重视创新文化，就不会只注重形式上的胜任力，而是更关注实质上的胜任力。

适合胜任力生存的土壤，有时候反倒是对一些小企业可能会更有效。他们的层级更少，更有利于设计有弹性的胜任力，如同宽带薪酬，也更有利于“宽带胜任力”。因为胜任力本身的特点是更容易定性，而不是定量。

第九章
胜任力在人才选拔中的应用

第一节 胜任力应用于校招

一、校招的胜任力标准

企业在校招时，首先需要确定相应岗位的胜任力，然后规划招聘和选择测评工具。在确定胜任力时，依照岗位不同有两种情况：一种是管培生岗位；另一种是除管培生外的其他岗位。

管培生的要求是综合能力强，笔者一般用 CTRL 来概括其能力：

· 沟通能力（communication）：善于就工作问题与他人进行沟通，关注他人的内心感受，进而把握对方的真实意图。

· 团队协作（teamwork）：站在其他部门的角度思考问题，积极配合。

· 结果导向（result-oriented）：在接受工作任务时，遇到困难能够努力，并坚持完成。

· 分析能力（logic）：分析问题思路清晰、重点突出，善于快速把握问题关键。

笔者曾经参加过上百场校园招聘，虽然也有一些特别的胜任力项，如积极主动、抗压能力、果敢自信、问题解决，但是总体上，CTRL 四项出现的占比较高。所以，针对预算较少和没有特殊要求的客户，笔者会推荐他们使用 CTRL 模型。

现在，有些客户提出了新的要求，他们认为管培生需要具备创新意识和前瞻性，这类要求在外资企业和互联网企业中比较常见。由于不少管培生在工作数年后就会进入主管以上职位，需要具备领导潜质和一定的经营能力，所以笔者把这些新要求归纳为“新四项”：

· 创新能力：不会墨守成规，勇于在工作中寻找突破点，用新的思路和方法改变原有的工作模式。

· 前瞻性：大局观较好，能够从全局角度思考问题，有较强的框架性思维能力。

· 经营意识：具有商业头脑，能够结合经营数据，从各种复杂的逻辑关系中进行系统性的分析。

· 领导能力：善于通过刚柔并济的方法来塑造团队，形成积极向上、能打硬仗的团队氛围。

企业对管培生提出了更高的要求，像“经营意识”是“分析能力”的升级版，“领导能力”是“团队协作”和“沟通技巧”的升级版。对于其他岗位，胜任力标准是怎样的呢？举个例子，银行的柜员除了上述通用要求外，企业还有两个要求：耐心细致和职业稳定性。

耐心细致：处事有条理，对于细节非常关注，对任务的各个方面都能严格把控。

表现行为：

· 考虑问题用心周到，能为客户提供定制化服务。

· 处理问题耐心，稳健沉着，会主动思考客户可能存在的需求。

· 对于紧急情况，善于有序处理，并求助于同事和领导。

职业稳定性：在考虑个人综合条件后给出的稳定性判断。

表现行为：

· 表现出有意扎根本地，扎根银行。

· 能在简单、重复的工作中做出成就。

“职业稳定性”，这个胜任力比较特殊和少见。但是在一些基层岗位比较常见，比如行政岗位，可以结合本书第八章中“非典型胜任力词典”一起阅读。笔者认为，这个胜任力如同“政治敏锐度”和“社会敏锐度”，虽然不太常见，但是对于某些岗位至关重要。

还有生产类岗位，如工程师、技术员。企业在招聘时，胜任力标准不同。例如某制造型企业的助理工程师岗位胜任力标准：

关注程序与品质：遵循已有的流程和顺序开展工作，并采取多种措施主动改进流程。

表现行为：

· 注重解决方案的系统性与严谨性，希望通过一个复杂的解决方案。

· 主动检查资料信息与方案的准确性。

· 主动规划完成任务的流程，制定问题解决的先后顺序。

主动积极：在工作中能不断地迎接挑战，并取得较高成就，有向上发展的动力和较好的工作主动性。

表现行为：

· 在形成共同危机之前，能够提前采取措施，避免问题发生。

· 当面对障碍与困难时，能够不断地尝试不同的方法，努力达成目标。

· 愿意付出额外的努力去推动任务目标的完成，即使个人能力已经充分得到展现。

成就导向：具有很强的结果导向，能够采取一切必要的措施来保障任务结果。

表现行为：

· 愿意尝试全新的产品或方案，主动评估风险，并采取方法降低创新带来的风险。

· 主动关注并评估风险，并采取措施化解与规避风险。

· 在讨论过程中，积极有效地安排和利用时间。

分析思考：分析问题时，思路清晰，策略贯穿始终。

表现行为：

· 对任务完成过程中的困难与障碍进行分析与预测，并提前进行准备，或能够预见各种情况的影响与结果。

· 发现事物间的多重联系，能够做比较详尽的分析，并识别出因果联系。

· 运用分析技巧，找出多个解决方案，并衡量每个方案的价值，引领团队做出正确决策。

有时候客户问笔者，他们打算招有潜力的大学生，想让笔者设计相应的胜任力。但是付诸实践时，客户又会落实到具体的岗位，这个时候笔者需要针对具体岗位要求来调整胜任力。所以，企业要想清楚什么是最重要的。

二、校招中常用的测评工具

光有胜任力模型是不够的，关键是如何把胜任力落地。在校招的时候，有三种常见的测评工具组合：

· 认知能力测评。

· 认知能力测评 +LGD[①]/BEI。

· 认知能力测评 +LGD+BEI+ 商业竞赛[②]+GBA[③]。

这三种测评工具组合，可以称为校招低、中、高配。前两种组合经常在国企和民企中见到，最后一种组合使用较多的是知名外企和民企。笔者曾经在 2009 年参加过某知名外企的校园招聘，前后加起来 7 轮，周期长达 2 个月。

如果校园招聘是 3 轮的，常见的招聘流程为：

第一轮：简历筛选 / 认知能力测评。

第二轮：LGD。

第三轮：BEI。

第一轮面试和胜任力的关联不大，后面两轮则和胜任力有明确的关联。这里重点讲讲 LGD——无领导小组讨论。

---

① LGD，也就是无领导小组讨论，是校招时常见的测评工具。通常而言，每组测评 6~12 人，时间为 30~60 分钟，可以有效测评受测者的沟通技巧、团队协作和分析决策能力，被认为是性价比较高的测评工具。

② 商业竞赛也是校招时常见的测评工具。由若干名面试者分成若干小组，共同为企业经营决策。竞赛一般有 3~4 轮，每轮对该企业的一些关键经营项（如营销、市场策略、研发、产品生产、物流运输等）进行判断和决策。

③ GBA 是在 2015 年左右国内新出现的测评工具，目前在校招中已经有企业开始尝试。游戏内容主要以数字型、逻辑型、空间型、博弈型、反应型游戏为主。GBA 能较好地宣传雇主品牌，为雇主建构一个开放的、有活力的、有品位的形象。

LGD 运用案例

某家跨国公司已经进入中国 20 多年，其在中国的员工数量已经超过 4000 名。这家公司之前让某知名咨询公司设计了管培生的胜任力模型。在招聘管培生的过程中，需要用到 LGD。

该公司在此次校园招聘中选择我们设计测评的题本，特别强调要在测评中体现的胜任力：Collaborates with others to achieve goals，也就是团队协作。客户额外的要求是，在案例中体现信息量大、观察面广，同时要体现学生的价值观。

如何在测评中体现客户的胜任力标准，笔者通过重重思考，给客户设计了如下例题：

案例名称：药材优先备货。

背景介绍：某品牌连锁中药店有着悠久的历史，为了进一步拓展市场份额，该品牌在 A 市陆续开设了 5 家新的连锁中药店。在经过一段时间的经营后，发现药材很受消费者欢迎，销售火爆。同时，该连锁药店普遍出现了药材缺货的情况，严重影响了日常经营。原先药店里都没有确定备货的优先性，缺了药材就进货。

任务：该品牌连锁中药店搜集了六类重要药材日常经营的大量信息，并试图通过分析，确定六类重要药材备货的优先性。请对六类重要药材备货的优先性做排序并说明理由。

表 9-1、表 9-2 为关键信息。

案例分析和思考：这道题目的信息量比较大，信息表就有四张。每个药材和处方之间有联系，然后药材的数据有销售额、销售额增长率、平均利润率、缺货情况和仓库储备量。就单一药材而言，有 7~8 个信息，达到了信息量大、维度多的要求。进一步分析，资料分为主要信息和次要信息。主要信息是关键信息一、二、四，其他是次要信息。

细心观察会在 LGD 中发现矛盾点。具体的表现是，每类药材只会有 1~2 个信息的数值较高或占优势，其他数值都比较低，或不占优势。比如麻黄类，它的销售额和平均利润率比较高，但是在处方组合中出现的频率比较低，对处方的贡献比较小。所以，在药材中不会出现“必选项”，学生要综合考量各类信息。

表 9-1 LGD 关键信息一和二

关键信息一——药材和处方的组合情况

	麻黄类	木兰类	毛茛类	地衣类	百合类	构[illegible]
清热解毒类		×			×	
健胃强脾类	×		×	×		
利水退黄类		×		×		×
活血止痛类	×	×				
止咳平喘类		×	×			
养心安神类				×	×	
固表止汗类	×		×		×	
抗菌杀菌类		×		×	×	

示例

备注：X表示该类处方中必须要有这类中药

关键信息二——每类处方占总销售额的比重及平均利润率

	清热解毒类	健胃强脾类	利水退黄类	活血止痛类	止咳平喘类	养心安神类	固表止汗类	[illegible]杀菌类
占总销售额比重								
平均利润率								

示例

就重点考察的 collaboration 而言，通过观察学生的不同选择，可以体现学生的价值观。如果学生优先选择处方组合中出现频率高但是本身销售额比较低的药材，说明学生大局观较强，注重协作精神；如果学生优先选择销售额比较高的药材，但在处方组合中出现频率低，说明学生是任务导向，注重精英效应。

那么，学生是不是有可能发觉测评意图，有意识地去选择前者呢？案例中设置了两重障碍，首先是内容限制，题目信息量大和信息矛盾。然后是 LGD 自身的限制，包括时间限制和团队限制。LGD 的时间要求是紧迫的，通常读题时间不会超过 10 分钟，讨论时间不会超过 30 分钟。由于是团队作战，个人的思考容易受团队影响，也是一层干扰。

因此，在这两重限制下，学生的选择应当是理性思考下的本能反应。

表 9-2　LGD 关键信息三和四

关键信息三——每类药材的销售额、销售额增长率及平均利润率

	麻黄类	木兰类	毛茛类	地衣类	百合类	树
销售额						
销售额增长率						
平均利润率						

示例

关键信息四——每类药材的最近缺货情况、仓库储备量

	麻黄类	木兰类	毛茛类	地衣类	百合类	树
最近缺货情况						
仓库储备量						

示例

三、【案例】某消费品企业校招

笔者曾经帮助一家知名的消费品企业做校园招聘，前期通过和人力资源部的共同协商确定了胜任力模型。其中，包括主要指标和参考指标，如表 9-3、表 9-4 所示。

表 9-3　校招胜任力模型

指标	定义	行为标准
团队协作	团队合作精神；沟通协调主动性与技巧性	合作性：愿意与他人合作，分享有用的信息与资源
		换位思考：换位思考他人的需求与关注点，灵活采取不同的沟通策略
成就动机	表现出对成功的强烈欲望，积极克服困难并获得成功	成就感：表现出对成功的强烈欲望并为自己设置挑战性的目标
		责任感：主动为自己和团队承担责任，不责备和依赖他人
创新精神	强烈的创新意识、创新敏感性和行动；思维敏捷、灵活	开放性：关注新的事物，并思考对工作产生的影响
		冒险精神：敢于挑战权威或传统、惯用的方法与经验
沟通能力	表现出良好的沟通能力及对他人的强大影响力	影响力：通过沟通影响别人，改变他们的观念和态度
		人际敏感：理解别人的想法和感受，能够换位思考

表 9–4　参考指标

指标	行为标准
英语口语	流利性：能够流畅地说英语
	正确性：正确地发音和措辞
外表仪态	外表：外表上没有明显的缺陷
	仪态：行为举止上没有明显的不足

基于胜任力模型构建了一整套的面试流程，包括电话面试、结构化面试。

电话面试主要针对沟通能力和英语口语，以下为电话面试的参考问题：

· Please introduce yourself in one minute.Tell me what a person you are and what kind of strengths and weaknesses you have.(1 minute)

· Why you want to join us? Give me 3 reasons for working with our company. (2 minutes)

· What is your career aspiration? How will you achieve it?(1 minute)

· Tell me one book in which you feel especially interested.Introduce the book to me and tell me why it is interesting.(2 minutes)

Backup Questions

· What do you do at your spare time? Why do you enjoy it?(2 minutes)

· Tell me about a person who you think has had great influence on you. What kind of influence did he or she have on you?(2 minutes)

· Which city do you like best? Tell me the reasons why you like it.(1 minute)

然后是结构化面试，结构化面试前设计了题库，基本上考查了所有的胜任力项，如表 9–5 所示。

表 9–5　案例——结构化面试题库及评分标准 1

胜任力 1: 团队协作

问题	参考答案 / 评分标准
1. 描述一次你和别人合作，共同实现目标的经历。具体说说事情的经过	主动与他人分享自己的想法和资源，体现向他人学习的意识和良好的协作精神
2. 在你完成一个任务的时候，有没有遇到来自团队成员的阻力？你是如何处理的	积极沟通，体现沟通的主动性；换位思考的能力；不会在不沟通的情况下执意推行，或轻易妥协
3. 什么样的人，你无法与他们合作	任何人都能；或者除了违法乱纪，或道德败坏的任何人都可以；体现包容性与协作性
4. 你在和他人打交道时，遇到的最有挑战性的事情是什么？你是如何处理的	面试对象描述的事情是否具有“挑战性”，处理过程中是否体现良好的心态与沟通的积极性

胜任力 2：成就动机

问题	参考答案 / 评分标准
1. 你有过在竞争中取胜的经历吗？你是如何取胜的	追求竞争和挑战，渴望成功，求胜心强
2. 说说你为自己制订过的最有挑战性的目标。具体说说目标是什么？你做了什么来实现这个目标？结果如何	该目标须“具有挑战性”，通过努力与花了大量的精力去实现目标；表达对自己行为与结果的评价，有不断改进的意识
3. 说说你最近一次做得不太成功的事情。具体说说当时的情况。不成功的原因是什么	将不成功的原因归结于自己，而不是归结于外部因素
4. 在你过往的学习生活经历中，你觉得进步最快的是哪一个时期？为什么？在这段经历中，你认为最能磨炼自身才能的具体事件是什么	面试对象描述的经历体现出确实的进步，展现出强烈的进取心，为了进步与提升付出努力

胜任力 3: 创新精神

问题	参考答案 / 评分标准
1. 你是否曾经有过一些与众不同的想法？请举个例子。你是如何产生这个想法的	这个想法必须是新颖和独特的，而且必须是面试对象独立思考产生的想法
2. 你能在一分钟内告诉我一个凳子的 20 个不同用途吗	思维的活跃性与开放性，所想的用途是否具有创意；不强求一定要答满 20 个用途，只是给予一定的压力，主要看答案的质量

续表

问题	参考答案 / 评分标准
3. 说说你曾经做过的一个创新。你创新的想法是从哪里来的？你做了什么来实现这个想法？结果如何	这件事情是否符合“创新性”，是否积极采取一些措施去落实创新
4. 你能告诉我一个你最近发现的，可能大多数人还不知道的新产品或者新事物吗	新产品或者新事物的独特性与新颖性，对新事物的敏感性

胜任力 4: 沟通能力

问题	参考答案 / 评分标准
1. 你有没有与他人发生争论的经历？具体说说当时的情况（追问行为细节）	体现亲和力、同理心，通过技巧说服他人。如果出现盲目争辩、不顾及他人感受等行为，则应扣分
2. 你是否有过说服他人改变想法的经历？具体说说当时的情况	展现影响力，站在他人角度说服他人。案例要真实可信
3. 你是否有过指出别人不足的经历？具体说说当时的情况	能够有技巧地指出他人的不足，他人能够心悦诚服地接受你的指摘

案例分析和思考：结构化面试的评分标准和胜任力中行为标准的描述是比较类似的。

比如沟通能力：

评分标准：体现亲和力、同理心，通过技巧说服他人。

行为标准：通过沟通影响别人，改变他们的观念和态度。

比如创新精神：

评分标准：这件事情是否符合“创新性”，是否积极采取一些措施去落实创新。

行为标准：关注新的事物，并思考对工作产生的影响。

从中找到编写题目的规律。在编写行为面试的题目时，需要思考行为特征在特殊情境下可能发生的变化，这样就能形成面试题的题目和评分标准。根据胜任力撰写面试题的流程，如图 9-1 所示。

校招结构化面试题目事实上不难，但是根据笔者在测评中的经验，考生的发挥呈现明显的正态分布。这说明一个普通的面试题目，在实际考核中所呈现的结果往往受多种因素的影响，包括环境、状态、心态、主考官等。所以，考生不要以为准备好了应答就能轻松过关。

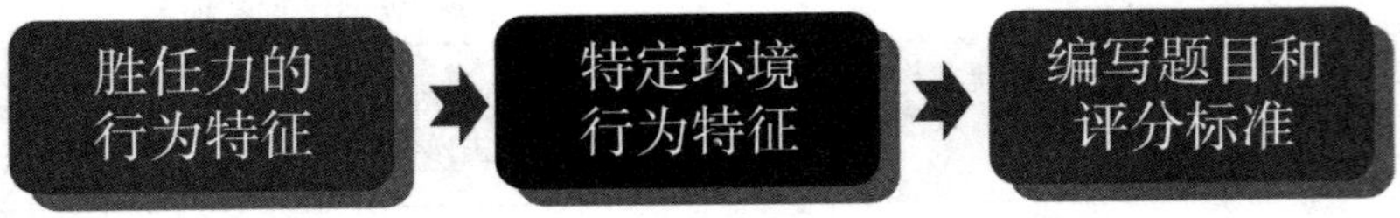

图 9-1　根据胜任力撰写面试题的流程

第二节　胜任力应用于社招

一、社招基层岗位的胜任力标准

社会招聘的时候，如果是基层岗位，企业特别看重的是专业能力，例如知识、技能类的，胜任力不是最重要的。比如招驾驶员，当然要考核他是否具有抗压能力，但更重要的是考核他是否具有驾驶的技能。

也有一些基层岗位会比较特殊，比如空管员，不只是看重专业能力，还看重胜任力。下面是某空管局招空管员的职位要求：

职位名称：管制员。

职位要求：

· 招聘人员应具备良好的心理素质、沟通能力、团队意识和创新能力等，管制员还应具备一定的空间推理、抽象推理和任务分担等能力。

· 具备招聘岗位相应专业大学本科（含）以上文化程度，需取得公共英语三级及以上证书或全国大学英语四级及以上证书。

· 具备一定的计算机基础知识和应用能力。

在前面的章节中，学过如何从岗位说明书中提炼胜任力，这个岗位说明书中包含的胜任力主要有团队合作、沟通能力、抗压能力。有些胜任力项在职位要求中没有反映出来，是和空管局领导沟通得出的。

空管员要处理很多信息，要有很强的信息处理能力。这个信息处理能力，一方面要有良好的记忆力；另一方面能识别关键信息。另外，空管员要有很强的风险决策能力，如果有一架飞机飞错航道了，你要让它马上回来，或者调整航道，否则可能发生空难。

经过讨论，胜任力归纳如下：

· 计划性及条理性。

· 应变能力和风险决策。

· 信息处理能力。

· 学习能力和主动性。

· 压力管理和情绪控制。

· 团队合作。

· 沟通能力。

接下来设计了结构化面试问卷来考查以上胜任力项，这里就其中三个胜任力进行说明并举例，如表 9-6 所示。

表 9-6　案例——结构化面试题库及评分标准 2

1. 计划性及条理性

题目	评分标准（0~5 分，详见得分点）
如果让你做一个研究，分析哪些方法可以提高中国航班的准点率，你会怎么做	得分点 1：逻辑清晰，有条理（2 分） 得分点 2：将问题有效分解为多个步骤，并能够列出合理的研究思路（3 分）
你觉得在制订学习或者工作计划时，最重要的是什么？说一个你曾经制订的计划，简要说说你当时为什么制订这个计划，以及其中的具体内容	得分点 1：最重要的是目标（2 分） 得分点 2：体现制订计划的习惯（1 分） 得分点 3：体现计划的条理性和逻辑性（2 分）

续表

题目	评分标准（0~5 分，详见得分点）
当你写一份报告时，你会注意哪些地方	得分点 1：报告的逻辑性和条理性，或类似的意思（2 分） 得分点 2：报告的格式是否整齐，是否有错别字等（3 分）
你是否制订过时间表？（如果答“是”）请举个具体的例子，即某一天你为自己制订的时间表	得分点 1：答“是”（1 分） 得分点 2：时间表清晰明确（1 分） 得分点 3：该时间表的细致程度，例如能细到分钟或 10 分钟（3 分）
你会如何完成一项复杂的工作或任务？请举一个实际的例子	得分点 1：将工作转化为简单的步骤，并逐步完成（2 分） 得分点 2：贴切，具体的例子，必须具备复杂性（3 分）

2. 应变能力和风险决策

题目	评分标准（0~5 分）
什么情况下，小问题会变成大问题？你有没有阻止小问题变成大问题的经历？请说明当时的情况及自己如何行动的	得分点 1：没有及时预见风险和采取行动（2 分） 得分点 2：有，体现风险意识和决策的果断性（3 分）
你有没有在时间紧、压力大的环境下做决策的经历？请举例。这个决策的最终结果怎样（举例过程中已经提到就不追问）	得分点 1：有（1 分） 得分点 2：能够顶住压力，敢于做出决策（2 分） 得分点 3：决策最终取得了良好的结果（2 分）
你是否遇到过紧急的情况？具体说说当时的情形，以及你是如何处理的	得分点 1：答是，且突发情况有紧急性，压力较大（2 分） 得分点 2：镇定、果断地处理问题（3 分）
在完成一项计划时，你是否遇到过计划外的情况？你是如何处理的？具体说说当时的情况	得分点 1：答是，计划外的情况确实出乎意料（2 分） 得分点 2：敢于灵活调整既定的计划，有效解决问题（3 分）
在完成一项任务的过程中，你遇到了困难，发现怎么尝试也无法进行下去，你会怎么办？你有没有遇到过这样的例子，请具体说说当时的情况	得分点 1：重新界定任务目标（2 分） 得分点 2：贴切，具体的例子（3 分）

3. 信息处理能力

题目	评分标准（0~5 分）
以下为情景题目，请注意听： 小王家的书架上有很多书，共三层。地理书在第二层的最右边，语文书在最下面一层，数学书在地理书的上面一层。英语书在第一层的中间。请问，地理书在第几层？英语书是跟语文书在同一层吗？数学书在语文书的上层吗	得分点 1：地理书在第二层（1 分） 得分点 2：不是，英语书不跟语文书在同一层（2 分） 得分点 4：是的，数学书在语文书的上层（2 分）
我将念一遍一串数字，我念完以后请你将该串数字准确复述一遍……	1 分：能够准确复述 3~4 个数字 2 分：能够准确复述 5~7 个数字 3 分：能够准确复述 8~9 个数字 4 分：能够准确复述 10~12 个数字 5 分：能够完全准确地复述
以下为情景题目，请注意听： 小刘在 9 月 12 日参加考试，语文考试在上午 9 点，数学考试在物理考试之后，物理考试安排在下午 1 点，化学考试安排在物理考试之前。小刘在结束化学考试后，马上去食堂吃中饭。请问，小刘是几号参加考试的？化学考试在数学考试之前吗？物理考试安排在几点？当天一共有几门考试	得分点 1：9 月 12 日（1 分） 得分点 2：是的（2 分） 得分点 3：下午 1 点（1 分） 得分点 4：4 门（1 分）
以下为情景题目，请注意听： 小韩的同学都住在一个村。小韩家的门牌号是 45 号，比小沈家的门牌号大 6 号，小秦家的门牌号正好是小沈家门牌号左右换位后的数字。请问，小韩家的门牌号是几号？小秦家的门牌号是几号？小沈家的门牌号比小秦家的大吗	得分点 1：45 号（1 分） 得分点 2：93 号（2 分） 得分点 3：不是（2 分）
以下为情景题目，请注意听： 小李有几个兄弟姐妹。小李的姐姐今年 23 岁。小李姐姐比小李大 5 岁，小李还有个哥哥，比小李大 2 岁。小李的弟弟在中学读书，今年 12 岁。请问，小李的姐姐今年几岁？小李的哥哥比小李姐姐小吗？小几岁？小李今年几岁	得分点 1：23 岁（1 分） 得分点 2：是的（1 分） 如答错，则得分点 3 没有分 得分点 3：小 3 岁（1 分） 得分点 4：18 岁（2 分）

这里体现了一种行为面试题目的设计方式，也就是一个问题对应多个得分点。这种设计方法的好处是计算得分比较容易。另外，要注意第三项胜任力“信息处理能力”的题目设计，题目中写了“请注意听”。不是让候选人看，而是让候选人听，着重考查对听觉信息的处理。

类似空管员这样的专业岗位有若干特点：培养周期长，基础素质要求高，类似的岗位还有飞行员、空乘等。

二、社招中层岗位的胜任力标准

中层对胜任力的要求比基层要高。这种要求通过两个方式体现：一是层级的提升，比如同一个胜任力标准，在基层是“合格”的要求，到了中层就是“良好”的要求；二是中层会强调与团队管理、业务管理相关的胜任力，这在本书第七章已经讲过。

就团队管理而言，可以用两种方式来划分胜任力：一种是按照管理模式分为领导和管控。前者强调愿景领导、感召激励；后者强调细节管控、凝聚团队。另一种是按照管人和管事来区分。前者强调培养下属、积极授权；后者强调结果导向、组织规划。

就层级上的递进来说：

梯队建设：

· 基层。正面期待：表达对他人的积极期待，并提供必要的支持与反馈。

· 中层。因材施教：根据他人特点，投入高质量的时间和精力指导下属。

协作支持：

· 基层。合作意识：具有与他人合作的意识，能自觉地融入团队。

· 中层。分享和支持：分享资源，共同携手推动工作的开展。

创新能力：

· 基层。尝试创新：关注和接受新事物，对新的想法感兴趣。

· 中层。落实创新：以新想法、新做法的价值和可行性作为标准，对现有工作和流程进行改进。

还有一些例子，比如在基层是沟通技巧，在中层是沟通影响；在基层是组织认同，在中层是合作共赢。两个不同层级的胜任力标准有相互继承、相互递进的关系。

在具体测评的时候，主要用线上测评 + 行为事件访谈的方式来测评，根据要求可以分为三个档次：

· BEI+360 度评估。

· BEI+ 人格 / 胜任力测评。

· BEI+ 人格 / 胜任力测评 + 情境测评。

其中，情境测评指的是案例分析、角色扮演等结合具体情境的测评。常见测评方法如表 9–7 所示。

表 9–7 常见测评方法

场景	简单	常见	高端
校招	认知能力	认知能力 +LGD/BEI	认知能力 +LGD+ BEI+GBA
中基层	BE I+360 度 .	BEI+ 人格 / 胜任力测评	人格 / 胜任力测评 + BEI+ 情境测评

如表 9–7，把校招和中基层的测评方法合并在了一起。越是简单的面向基层岗位的测评，越是强调知识、技能部分；越是高端的面向中高层的测评，越是重视胜任力。到底用哪种测评组合，取决于企业招聘筛选的对象、预算和场景。

举一个例子，针对中层的案例分析。

笔者有位客户是某家商业银行，需要做内部中层干部的选拔，邀请我们来设计和实施测评。客户要求考核的胜任力包括：

· 经营分析。

· 沟通协作。

· 开放主动。

· 细节管控。

任务说明：假设今天是 2021 年 2 月 15 日。在今天的商业竞赛活动中，你和同伴将有机会组成评审委员会决定新分行的领导层并参与竞标，竞标将在两个评审委员会之间进行，先由其中一组向另一组汇报新建分行的管理层名单及理由，再由另一组向这组挑战，然后交换角色，

评委将扮演 ×× 银行的管理层，并根据表现决定优胜的一组。

在 40 分钟（建议 10 分钟阅读，30 分钟讨论）的准备过程中，请仔细阅读背景材料，了解现状，并通过讨论确定你们的人选及理由。

你们将按次序（先 1 后 2 或先 2 后 1 的次序由抽签决定）分别完成下列任务：

· 扮演 ×× 银行的评审委员会 A，向评审委员会 B 做一次汇报。评审委员会 B 由另一组应聘者扮演。在汇报会中，你们需要根据企业需要及候选人情况，讲解管理层名单及理由，并回答另一个团队提出的问题。（30 分钟，其中 15 分钟讲解，15 分钟回答提问）

· 你们将扮演评审委员会 B，听取另一组应聘者扮演的评审委员会 A 的汇报，并根据其汇报进行提问，应尽可能地为对方制造难题，但必须合情合理。（30 分钟，15 分钟听取汇报，15 分钟提问）

结束后，×× 银行的管理层将会对两个小组中的部分成员进行提问，并由管理层决定优胜的一组。

背景：×× 银行股份有限公司成立于 2003 年 6 月，是 ×× 市的本土银行。×× 银行计划在郊区新开一家分行，目前选址工作已经结束，接下来要从基层岗位的员工中选拔 4 名管理型人才，作为新分行的管理层。以下是各职位的岗位要求：

分行长：熟悉并遵守法律法规和银行市场运作规则，精通个人业务、营销及管理，领导力突出，工作认真、细致，责任心强。

个人金融处处长：熟悉国家金融政策和监督管理制度，具有较强的组织领导能力和市场拓展能力。

信用审批处处长：熟悉信贷业务，具有较强的风险意识，具备一定的领导能力。

会计结算处处长：工作细致认真，精通会计业务，团队协作能力强。

表 9–8 是新分行管理层职位的具体要求。

表 9-8　管理层职位要求

参数职位	工作年限	外语能力	团队合作	市场营销	沟通技巧	金融知识	会计业务
分行长	8 年以上	***	****	****	****	***	**
个人金融处处长	5 年以上	***	***	***	***	****	*
信用审批处处长	5 年以上	**	**	***	**	***	***
会计结算处处长	5 年以上	**	***	**	***	**	****

注：星号代表在 ×× 银行内的水平。

· **** 表示为前 30%，属于优异的水平；· *** 表示为前 30%~50%，属于良好的水平；· ** 表示为前 50%~80%，属于中等的水平；· * 表示为最后 20%，属于需要提高的水平。

目前基层岗位员工的候选名单如表 9-9 所示。

表 9-9　候选人名单

编号	工作年限	外语等级	所在部门	营销绩效	金融职称	会计职称
1	7	英语六级	个人金融部	/	CFAII	注册会计师
2	8	英语八级	风险管理部	/	CFAI	助理会计师
3	10	英语六级	高新支行	B+	/	会计师
4	6	英语六级	信息技术部	/	CFAIII	会计师
5	12	英语六级	盛德支行	C	CFAI	注册会计师
6	9	英语八级	华成支行	D	CFAII	会计师
7	11	英语八级	金牛支行	C	CFAI	注册会计师
8	8	英语六级	兴华支行	D+	/	助理会计师
9	15	英语六级	琴台支行	C-	CFAIII	/
10	10	英语四级	信用审批部	/	CFAI	会计师
11	9	英语八级	顺长支行	B	/	助理会计师
12	13	英语六级	高升支行	B	CFAI	/
13	7	英语四级	人力资源部	/	CFAII	会计师
14	8	英语六级	龙泉支行	C-	CFAI	助理会计师
15	10	英语六级	华成支行	A	CFAIII	/
16	6	英语六级	华兴支行	D+	CFAII	会计师

注：①营销绩效：绩效考核评价最高为 A，最低为 D，D+ 表示优于 D，“/” 表示没有营

销考核指标。

②金融职称：最高为 CFAIII，“/”表示没有相关证书。

③会计职称：最高为注册会计师，“/”表示没有相关证书。

360 度评估报告如表 9–10 所示。

表 9–10　360 度评估报告

编号	责任感	沟通能力	团队协作	风险管理	细致周到	发展团队	激励团队
1	6.5	4.5	7.5	3.5	6	5	6
2	5	8.5	6	3.5	9	4	5
3	4.5	5.5	4.5	7.5	7	5	4.5
4	3.5	4	5.5	4.5	8	9.5	4
5	7.5	9	4	6.5	6	4	4.5
6	5	6.5	6	4.5	8	3	6.5
7	3.5	5	7	6	5.5	5	7.5
8	6.5	4	3.5	4.5	6.5	6	8
9	9	3.5	4	5	6	6.5	7
10	6	6	5.5	7.5	4.5	7	4
11	7	5.5	4.5	5	7	4	6
12	7	5.5	5.5	3.5	6.5	4	8.5
13	5.5	7.5	6.5	7	3.5	6	4.5
14	6	3	5.5	8	6.5	7	5
15	3	6.5	8.5	4.5	5.5	6.5	6.5
16	8	5.5	3.5	5.5	5	6	7

注：360 度评估是指从员工、上司、直接部属、同事甚至供应商等角度了解员工的能力；以上给出的分数是各角度的平均分，9~10 分说明优秀，7~8 分说明胜任，5~6 分说明有待提高，3~4 分说明亟须提高。

案例分析和思考：这是一个数据量庞大的案例分析。首先，要求候选人能够在这么多信息中，找到匹配的关键项，考查“经营分析”胜任力项。同时，要在小组中充分沟通和协作，开放地接纳他人意见。其次，在获得关键点后，也需要进一步筛选关键项，注意信息中数字的细节差异。以上，分别考查了“沟通协作”和“细节管控”胜任力。

本案例作为面向中层的案例分析，没有考虑同团队管理相关的胜任力，如团队凝聚、人员培养等，这同本次构建的胜任力模型有关。如需考查，要补充一些别的测评环节，如行为面试，对候选者进行更深入的评估。

三、【案例】某企业公开竞聘

某知名国企计划竞聘集团公司下某科技型子公司的总经理。企业领导在决策竞聘的胜任力模型时，主要关注点是：一是要有较高的战略思维，能从较高的位置看信息产业；二是要有创新意识，因为行业本身发展较快，如果跟不上行业发展节奏就会对公司经营有较大影响；三是具备较强的协调能力，这家公司需要同集团内部的多家公司形成“合力”。

经过总结和同标杆公司的对比，讨论出了以下胜任力模型：

· 战略思维。

· 组织协调。

· 经营分析。

· 创新思维。

· 团队领导。

基于这个胜任力模型设计了案例分析。这个案例分析主要基于某高科技产品公司目前的现状和未来的发展道路，让候选人决策经营方案，向由面试官扮演的董事会做一次汇报。在汇报会中，候选人需要根据企业现状，分析讲解子公司采用的经营方案，并回答董事会的问题。

（由于案例的内容较多，略去背景，仅列出以下方案作为参考）

方案：建立和大力发展信息产业相关咨询业务

方案简介：建议公司建立咨询团队，大力开发与信息产业相关的咨询业务。

方案分析：欧美先进企业都在主营业务之外，同时给客户提供咨询业务。咨询业务包括信息系统整体解决方案、提供信息软件升级服务，并为信息系统提供维护和升级服务，以及提供系统使用培训等。

建议公司考虑成立一个专业的高素质顾问团队，负责为客户提供相关咨询服务。

方案优势：科技公司大力开发相关咨询业务，将会给公司业务发展带来如下益处：

· 基于咨询业务，将能够向客户提供一揽子整体解决方案，从而形成方案和硬件联动，有效促进硬件销售。

· 咨询业务的利润丰厚，对主营业务是很好的补充，从长远来讲能够获取较高回报。

· 开展咨询业务有助于提升公司的品牌形象和行业影响力。

· 咨询业务中获得的信息和经验有助于提升公司的研发能力。

方案实施要点：需要引进一批具备突出技术能力和具备一定顾问经验的优秀人才。团队配置完成后，计划在一年内实现咨询业务的全面开展。

在这个面试环节，项目组集中面试了 4 位候选人，以 A、B、C、D 作为代表，在面试结束后他们的评语如下：

A 是一位能够凝聚团队的管理者。他善于采用多种方法进行激励，调动积极性，提升员工参与度，转变员工思想，将企业的目标与员工的工作联系起来，体现每个人的价值。此外，他能够合理授权，责任到人，快速解决问题，帮助团队快速成长。他追求人际和谐，倾向将肯定和激励作为管理团队的主要方式手段，调动下属的工作积极性。A 的问题在于：首先，他的思维比较发散，在制定具体经营和管理策略时不够聚焦，导致措施的针对性不强。其次，在前瞻性方面存在不足。最后，他虽然能够指出团队的问题，但是给出的措施不够明确也不够坚决，难以真正重塑团队。

B 是一名注重管控的管理人员。他有较好的管理意识，对于管理者应该担负的角色和责任具有清晰的认识，能够在管理问题中找到关键点并直击要害，围绕核心问题展开管理活动。对于目标和结果高度重视，无论是既定目标还是艰难的挑战，都会予以积极尝试和推进。善于倾听，能够准确把握对方的情绪，主动搜集信息，沟通框架和层次清晰有序。他的问题在于：首先，当处理复杂任务时，容易陷于细节，缺乏从一定的高度去审视全局的能力。其次，对如何将企业战略与实际工作相结合，将战略目标真正承接落地下来的思考还不充分。最后，在遇到问题时能够灵活变通，但是仅限于针对现状或问题进行的改进和取舍，在主动创新上略有欠缺，工作中缺乏自觉创新的意识。

C 能够从战略高度出发思考问题，并且具有出色的逻辑思考能力，擅于运用系统的分析方法，不仅能够出色地解决本专业领域的问题，也善于跨领域地思考。他有较强的结果导向性，目标感较强，在实际工作中，能够围绕目标采取多种方法推动执行，以达到预期的要求。创新能力相对比较突出，虽然可能难以提出对组织具有变革性影响的新思路，但善于抓住一些关键点，据此提出变化和调整方案，在某些点上实现提升。C 的问题在于：首先，他的数据关联能力还有待提升，很多时候对定性的判断较多，对于资料的背景阅读及数据关联理解不够。其次，他在团队管理方面更注重人际亲和及团队氛围，在工作中会注重照顾他人的感受，某些场合中会过于迎合他人，降低工作标准及业绩要求。

D 是一位管控能力较强的管理者。他具有良好的细致管控能力，对于目标明确的具体事务，能够细致和全面考虑，合理安排工作，对下属能够提出明确的要求并监控执行推动方案的落地。他的经营视野较为开阔，在关注企业的眼前的经营状况的同时也能兼顾企业未来几年的发展，同时围绕目标制定相应的措施和方案。D 的问题在于：首先，经营分析方面较弱，判断多从经验出发，对经营数据不敏感，没有站在经营的角度做抉择和判断，同时他的一些措施缺乏可行性。其次，表达自己想法的时候语速过快，容易造成自己表达的过多，没有预留给对方足够的表达和思考的空间。最后，他应该更加耐心地倾听他人所表达的想法，甚至是挖掘对方的真正意图，表达时说教较多，没有真正打动对方的内心，没有解决对方的困惑与问题，需要特别注意提高沟通和领导技巧。

最后评委团根据胜任力标准，选择了综合能力出色的 C，推荐他作为总经理的候选人。为什么选择 C，从上面的画像中发现：

A 和 B 的主要问题在于战略思维，B 的创新思维也明显不足。

D 具备较强的战略思维，在创新上表现不显著，主要问题在于经营分析。

C 的强项是战略和创新思维，在团队领导和经营分析上存在一些问题，但不是主要问题。

考虑到这家企业是科技型快速发展企业，战略和创新两个视角必不可缺，所以 C 是最优人选。那么有人会认为 D 也是不错的人选。对于成熟型企业，D 是很好的人选，善于管控和分工；但是对于发展型企业而言，他不是最优人选。

第十章
胜任力和人才盘点

第一节　盘个人和盘组织

人才盘点的英文是 Talent Review，有些公司叫 Talent Mapping，或者是 Talent Audit。继任计划和人才盘点有较大关联，两者密不可分、前后关联。人才盘点的原理并不深奥，但是人才盘点的理念尚未在企业深入人心，仍然有普及的必要。

一、企业不同发展阶段的人才盘点

人才盘点和胜任力的结合，主要是通过人才标准，对人才和团队有一个相对全面的认识。针对不同的盘点对象，使用的胜任力模型又有所不同。一类是中高层管理者；另一类是基层，又叫“后备人才”。前者的盘点重视领导力，而后者的盘点重视潜力。

在不同阶段的企业中，盘点标准也会发生微妙的变化，如图 10-1 所示。

笔者把它们分为以下三种：

· 发展型：企业处于快速发展中，但组织能力不足以支撑市场份额持续提升的挑战。经理层大多是新上任，需要时间锤炼能力。发展型企业的特点是，关注经理人能否较快地从“业务型”转型为“管理型”，从冲锋陷阵到带兵打仗，实现角色上的转换。这些经理人在“自我认知”“凝聚团队”等胜任力上往往存在不足。

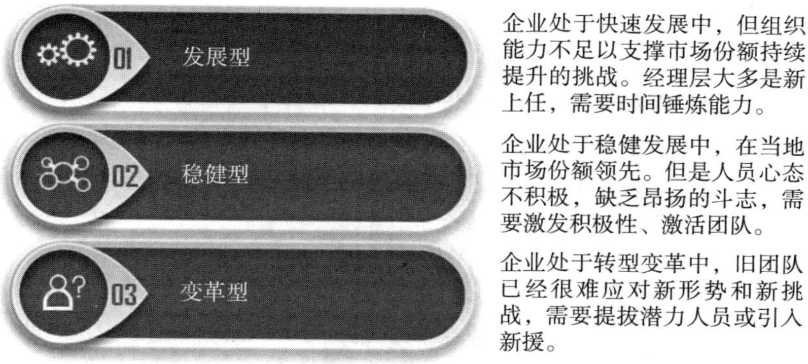

图 10–1　不同阶段的人才盘点

· 稳健型：企业处于稳健发展中，在当地市场份额领先。但是人员心态不积极，缺乏昂扬的斗志，需要激发积极性、激活团队。稳健型企业的特点是，激发经理人的危机意识，提升组织凝聚力。所以，在盘点中会重视经理人的“追求卓越”和组织整体氛围。

· 变革型：企业处于转型变革中，旧团队已经很难应对新形势和新挑战，需要提拔潜力人员或引入新援。变革型企业的特点是，企业需要淘汰一部分无法跟上节拍的员工，引入高潜后备。那么，在盘点中，应注重对高潜人才的挖掘，同时注重经理人的“创新能力”。

二、盘个人

在人才盘点中，一方面是盘个人；另一方面是盘整体。首先讲讲如何盘点个人，如图 10–2 所示。

在准备盘点会时，会议的流程特别重要。通常分为四步：会前准备、盘点会议、盘点结果、会后跟进。笔者重点讲两点：第一点是“会前准备”的内容。需要准备“员工发展档案表”。这份档案表中除了盘点对象的履历、学历、绩效等基本内容，还包括上级对他的初步评价和胜任力测评的结果。这份档案表，将在盘点会议结束后加上“综合评价”和“任用及发展建议”，从而为人才发展提供底稿。

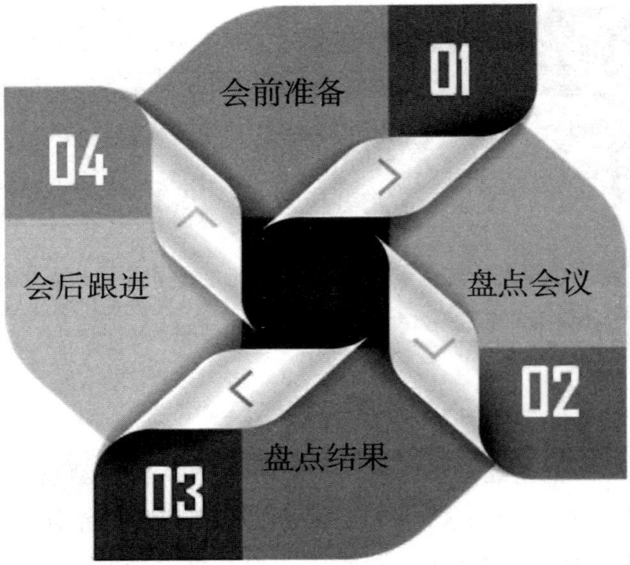

图 10–2　人才盘点流程

接下来是“盘点会议”。在盘点中往往前几个人会盘得特别慢，比如规定是 15 分钟一个人，但往往会延时到半个小时甚至更长。这是因为整个流程需要磨合，而且一开始分歧特别多，难以达成一致。这很考验主持人的功力，主持人一方面要保证流程的正常进行；另一方面要帮助参与者抓住重点。在会议中，根据“员工发展档案表”，可能需要参考几十项数据，这个时候就容易陷入细节，所以要找到几项关键的指标。

巴菲特曾说：“每个投资人都应该假设自己手中只有一张可以打 20 个洞的投资决策卡，每做一次投资就在卡片上打一个洞，用完为止。”所以，巴菲特特别知道取舍，知道如何“舍”。做人才盘点也一样，有几十个人才指标可以参考，那么是不是都要考虑、可不可以有的放矢？建议刚刚学习人才盘点的企业，先从硬性的指标开始，比如业绩、经历，然后延展到软性指标，比如胜任力。这种“先硬后软”的方法便于企业找到什么因素是适合自己的，而不是一口吃成一个胖子。

具体拿胜任力来说，胜任力模型通常有 6~10 项胜任力，盘点时到底怎么看？笔者的建议是在实际盘点中，重点关注和岗位要求密切的

2~3 项。

我曾经为某服装企业盘点过设计师，设计师的胜任力有多项，项目组认为最重要的是设计思维和协调能力。

设计思维，强调设计师要有独到的、新颖的创意，并且能够在图稿中体现出来。拥有这方面的胜任力的人才比较少见，所以国内服装行业多有请国外设计师的案例，不仅是服装行业，汽车行业也是。如比亚迪请的奥迪前设计总监，其全新的“Dragon Face”家族式设计，给客户带来了视觉盛宴，一扫比亚迪之前浓浓的工业风。

其次，仅有设计思维还不够，还要能和上下游的部门协调和沟通，包括生产部门、市场部门、销售部门、客服部门等，要善于将产品的特点传达给其他部门，从而实现设计。

三、盘整体

事实证明，超级明星并不是绩效达成的关键，有时候三个臭皮匠赛过诸葛亮。传统的做法往往过分强调个人，脱离组织实践。笔者试图从组织视角来看人才盘点，而不是从单纯的人才管理角度来审视。

有一家快速崛起的房地产公司。这家公司在挖人方面不惜重金，特别是项目总监的职位。然而，挖人的效果不佳，挖来的人确实业绩很高、能力很强，可是团队融合有问题。这说明一方面在评鉴人才的时候，没有注意和企业文化的匹配；另一方面说明个人的能力并不能复制，Superstar 不能代表一切，关键是团队的合力。

这充分暴露了传统人才盘点的弱点。企业在盘点时，会注意到盘点对象的资历、经验、能力、技能等，也会做 360 度评估。但是很少把焦点放到整个团队，容易忽视整个团队的人员搭配。譬如在做某民营 IT 企业的人才盘点时，发现这个部门的员工不同程度地存在驱动力不足、韧性较差的情况。后来，在同这个部门的负责人访谈后，项目组找到了问题的根源。这个负责人是明显的老虎型特质，对下属要求严格，对工作上的问题吹毛求疵，导致下属做事时往往畏首畏尾，一切按照指示，缺乏主动性。

在盘点某家房地产企业的中层人才时，结合胜任力模型对整体中层做了这样的评价：

· 团队凝聚：中层管理人员普遍在该维度上表现较差。往往缺乏一个团队领导者的自知，亲力亲为，带头冲锋。在处于企业变革期时，凝聚团队的能力不够，缺少改进和提升团队士气的措施。

· 梯队建设：中层管理人员普遍在该维度表现较差。培养他人缺乏策略性，就事论事，见招拆招，无技巧或者技巧生疏，对原则性和标准性把握不够。部分学员具备培养他人的意识，但是因为缺乏必要的技巧和实践，实操时显得经验不足。

· 追求卓越：中层管理人员普遍在该维度表现较好，这些骨干的成就动机比较强，有强烈的追求成功的意愿，能够在困难下坚韧积极地完成任务，并愿意接受新的挑战，对职业发展也都比较关注。

· 管控能力：中层管理人员在该维度上过表现差异较大。一部分中层能够细致地考虑问题，并做出具体的计划，但是不能明确标准，难以有效地管控结果。还有一部分中层表现出很强的推动执行能力，能够关注流程的各个节点。

在“团队凝聚”“梯队建设”“追求卓越”胜任力上，团队的管理者普遍存在类似的优点或缺点，而在“管控能力”胜任力上，管理者差异较大。通过盘团队，可以发掘出普遍的问题，从而有利于人才调配和人才发展。在接下来的人才发展中，项目组就针对“团队凝聚”和“梯队建设”，开展了一系列的培训活动。

在组织盘点中，一方面会横向盘，注重单个胜任力项在本次盘点中的表现；另一方面也会纵向盘，把胜任力项的整体表现和其他分公司进行比较，从而清楚各分公司人员平均能力的强弱。譬如在为某集团公司的十几个子公司做过中层干部盘点后，通过统一胜任力模型，然后划平均线，就一目了然地知道各子公司的胜任力短板。当然，这样做的前提是：首先，要统一胜任力标准，因为各子公司测评时胜任力标准并不完全一致；其次，测评时的工具要一致，测评师的能力要在同一个水平上，以保证测量的尺度偏差不大。

第二节　案例：某药企的人才盘点

这家药企在中国属于快速发展的龙头企业，但是近年来的销售业绩一直没有明显突破。在同该企业人力资源部的共同协商下，构建了一套中基层胜任力模型和结构化面试的评价标准。

胜任力及结构化面试评估标准如表 10-1 所示。

表 10-1　胜任力及结构化面试评估标准

问题	胜任力	评价岗位	评分标准	打分
问题 1：说说你到目前为止最大的成就是什么？你是如何实现这一成就的？说说当时的情况。为什么你认为这是一个成就	追求卓越	通用	是否举出有说服力的成就，在追求成就的过程中，是否体现出对自己的高标准，以及不断追求自我超越的意识	1：薄弱 2：良好 3：优秀
备选问题：你的职业目标是什么？你准备如何实现你的目标？具体说说你为实现自己的目标做了些什么	追求卓越	通用	职业目标是否明确，是否体现事业心和奋斗的激情	1：薄弱 2：良好 3：优秀
问题 2：如何维护自己在同事心目中的形象？（追问，还有吗？）	团队协作	通用	合理的答案，例如保持敬业的态度、体现职业素养、关注他人的工作、愿意支持帮助他人、体现专业能力等	1：薄弱 2：良好 3：优秀
备选问题：你是否有主动为其他同事提供帮助或支持的例子？说说当时的情况	团队协作	通用	体现积极融入团队，愿意和他人相互协作完成工作，共同达成目标并分享团队成就的意愿和能力	1：薄弱 2：良好 3：优秀

续表

问题	胜任力	评价岗位	评分标准	打分
问题 3：假如你一位多年未见的好朋友初次来你处办事，让你无论如何接待一下，你也答应了，可单位临时有事，领导让你接待一下，你怎么办	沟通能力	通用	以单位的事情为重；坦诚，不隐瞒；展现站在他人角度进行沟通的技巧	1：薄弱 2：良好 3：优秀
备选问题：举例说明什么叫作言外之意	沟通能力	通用	对言外之意有准确、清晰的阐释；贴切的例子	1：薄弱 2：良好 3：优秀
问题 4：你在制订工作计划时，最重要的是什么？说一个你曾经制订过的计划，简要说说你当时为什么制订这个计划，以及其中的具体内容	计划性	文员、计算机信息技术人员	最重要的是目标界定清晰；体现制订计划的习惯；体现计划的条理性和逻辑性	1：薄弱 2：良好 3：优秀
备选问题：你曾经做过的最难的工作是什么？你是如何完成的？说说当时的情况	计划性	文员、计算机信息技术人员	工作具备高难度；通过逻辑性的分析，能够有条理地将问题分解，从而化繁为简	1：薄弱 2：良好 3：优秀
问题 5：你是否遇到过紧急的情况？说说当时的情形及你是如何处理的	应变能力	计算机信息技术人员培训专员	回答是，且突发情况有紧急性，压力较大；能够镇定、果断地处理问题	1：薄弱 2：良好 3：优秀
备选问题：在完成一项任务的过程中，你遇到了困难，发现怎么尝试也无法进行下去，你会怎么办？你有没有遇到过这样的例子，请具体说说当时的情况	应变能力	计算机信息技术人员培训专员	换一个角度思考问题，通过创造性的方法解决问题；贴切、具体的例子	1：薄弱 2：良好 3：优秀
问题 6：你是否有过策划员工活动或者培训的经历？请举一个你策划过的最成功的一次活动。说说为什么它很成功，以及你是如何一步一步实现成功的	培训策划	培训专员	体现出色的策划能力和目标感。员工活动或者培训确实获得了成功（例如员工有好的反响，得到上级的肯定等）。过程中体现组织协调的能力	1：薄弱 2：良好 3：优秀
备选问题：你在策划员工活动或培训时，是否有过一些创新的点子？能否举一个你比较满意的创新例子？你是如何将这个点子落实的	培训策划	培训专员	体现出色的创新能力。例子必须真实，且确实体现出一定的新颖性。在过程中体现组织协调能力和执行力	1：薄弱 2：良好 3：优秀

盘点对象包括：

· 各地业务经理、市场经理。

· 大区推进部部长。

· 大区业务经理。

· 大区文员。

· 培训专员。

· 计算机信息技术人员。

这套评分标准和胜任力模型紧密结合，既有通用的结构化面试问题，也有针对个别岗位的结构化面试问题。和之前的结构化面试题目不同的是，它没有采用分项计分的方式，而是采取综合评价的方式。需要指出的是，这种综合评价的方式，最好能够列举案例，以便于测评师学习和掌握。

通过结构化面试，结合绩效，最终绘制出一张九宫图，如图 10–3 所示。

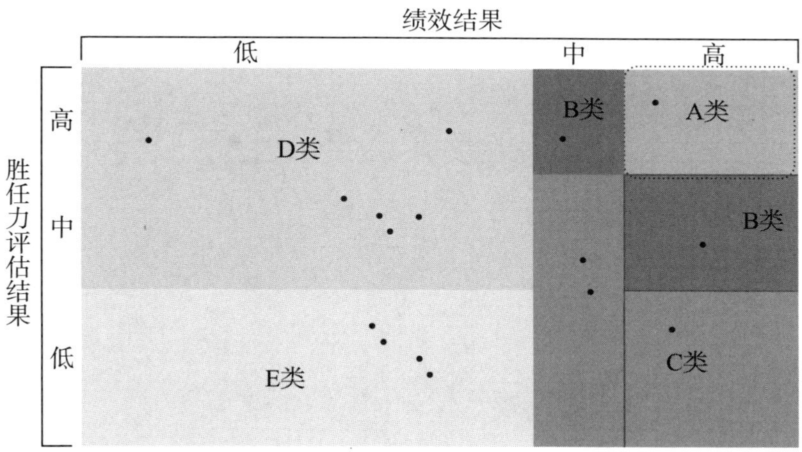

图 10–3　人才盘点九宫图

九宫图中各区域的意义如下：

A 类：核心人才，提升重用。

B 类：列入继任计划参加发展项目。

C 类：胜任力有待提升；利用长期激励设法保留；配备导师；利用短期激励促使其为企业取得短期发展目标而努力。

D 类：调动职位，参加培训。

E 类：建议更迭。

第十一章
胜任力在人才发展中的应用

第一节　高层：领导力的发展

有个词叫 Grit（坚毅），点燃了朋友圈。Grit 是指对长期目标的持久热情与坚持。Grit 和 Growth Mindset 是美国时下广为传播的概念。这些概念，也深深地影响了管理领域中对领导力的设定。

领导力理论有很多，从德鲁克到明茨伯格、阿尔弗雷德、库泽斯、本尼斯、曼弗雷德，再到彼得圣杰、诺埃尔蒂奇，包括熟知的沙因、阿吉里斯等，都设定了自己对领导力的定义。在近 100 年中，领导力从偏向组织、管控开始向个人、开放方向迁移。

那么，领导力和胜任力到底是什么关系。在第一章中，将胜任力分为三个部分——通用胜任力、领导力和专业胜任力，所以领导力包含在胜任力中。

在涉及领导力发展的时候，发展对象分为中基层领导者和高层领导者。 中基层领导者，由于他们的领导特质中部分是管理技能，是可以发展的。而涉及高层，尽管不少培训机构表示大多数领导力是可以发展的，但是实际上并非如此。对于高层而言，无论采用什么样的培训方式，其主要通过聚焦固化行为模式来改善管理能力，并不能真正改变冰山下的特质。如果领导力完全可以发展，那么企业为何还要筛选领导者，所以发展是一种补充，而不是根本。

从领导力的发展难度看，依据领导力同冰山下特质的相关性，可以如此划分：

☆很难，主要用教练 / 私董会的发展方式。

☆☆比较难，主要用行动学习 / 教练的发展方式。

☆☆☆有点难度，主要用面授 / 行动学习的发展方式。

以下来自胜任力卡片：

☆胜任力：

· 善用资源——协调各方资源，渠道高效实现工作成果。

· 创新变革——敢于突破模式，主动提出新环境下的改进建议。

· 诚信正直——品行端正、清清白白、为人正直。

☆☆胜任力：

· 慧眼识人——有意识地通过多种途径识别公司内外部人才。

· 严于律己——严格要求自己，对人对事有严格的标准和要求。

· 细致严谨——做事认真，关注细节，妥善完成工作任务。

☆☆☆胜任力：

· 客户导向——关注客户需求的变化，并进行针对性的调整。

· 财务敏锐——运用财务数据诊断运营的优劣势及对策略的影响。

· 统筹规划——根据任务要求，组织资源并明确行动方针。

同冰山下特质的相关性越高，领导力发展难度越高。

从高层和中基层的发展方式看，高层重个性，中基层重共性。高层侧重采用教练、私董会等小规模、私密化的发展方式，而中基层偏重研讨会、工作坊、传统授课等大规模、公开化的发展方式。

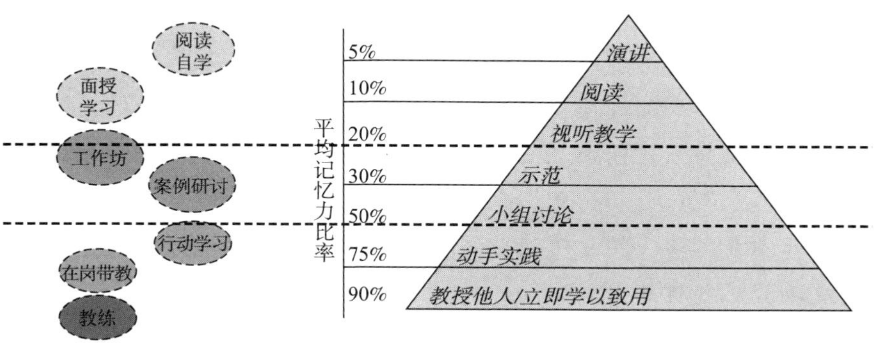

图 11-1　不同的发展方式

在图 11-1 中，从接受方式看，教练、私董会的方式更容易被接受，而授课、自学的方式接受程度较低。

先来讲高层的发展方式。在固化行为模式前，首先要重塑自我认知。对自己的优缺点有充分认识，并且反躬自省。通常而言，只有自我发展意愿较强的领导者在辅导中会有明显的提升。

列举一个案例，某高管的教练辅导。

某位高管的人才画像

主要优势：

· 反应敏捷：在整个测评过程中反应敏捷，对于思考不足或表述漏洞，能快速重新思考，并进行补充。

· 管控意识：管理下属有一定的管控意识，以既定的业务目标为导向，能够帮助员工从业务安排来检讨工作，并引导员工凡事先从自身的不足找原因。

· 管理人性化：重视员工的工作态度，愿意给下属改进和提高的机会。乐于让员工自主选择，做自己想做的事。

主要不足：

· 全局观不足：晋升为高管后，对行业工作的战略高度及系统全局的思考有欠缺。对于可能存在的风险预判与预控较为乐观，并坚持己见。

· 自我掩饰：自我美化倾向高，努力通过自我修饰来传递言行，进而塑造一个理想中的形象。给人的感受是不够真实，倾听不足。

整体评价：没有脱离中层管理者的状态，处理复杂任务时，容易陷于细节，缺乏从一定的高度去审视全局的能力。有从企业战略发展的角度思考工作问题的意识，但如何将企业战略与实际工作相结合，将战略目标真正承接落地，还没有充分体现。在人际沟通上过分修饰，需要表现得更加真实和自然。

发展建议：建议不必太在意外界的评价，对自己更加自信，不轻易因为他人改变自己的想法，同时要更加严格地管理与辅导团队成员。尝试站在集团和公司层面多思考战略问题，主动与企业内外部具有制定战略经验的人沟通交流。建议通过研究行业内国际先进公司的发展历程、组织战略、管理模式、市场运作、产业链发展等情况，合理借鉴其运作理念和模式。

该高管对于顾问的反馈是比较认可的，在充分反思和总结后，制订了一个自我提升计划，并针对此计划，开展了为期 3 个月的教练辅导，如表 11-1 所示。

表 11-1　自我提升计划

<table>
<tr><td colspan="6">自我提升计划</td></tr>
<tr><td>学员姓名</td><td>××</td><td>辅导日期</td><td></td><td>教练姓名</td><td></td></tr>
<tr><td>主要优势</td><td colspan="5">反应敏捷；有一定的管控意识，以既定的业务目标为导向</td></tr>
<tr><td>主要不足</td><td colspan="5">对行业工作的战略高度及系统全局的思考有欠缺；自我美化意愿强，给人感受不够真实，倾听不足</td></tr>
<tr><td colspan="6">具体提升计划</td></tr>
<tr><td colspan="6">关键弱项 1</td></tr>
<tr><td>问题详述</td><td colspan="5">对行业工作的战略高度及系统全局的思考有欠缺</td></tr>
<tr><td>提升方向及目标</td><td colspan="5">在思考问题时要统观全局，努力做到抓大放小，在遇到冲突时，舍局部、取整体，舍短期、保长期</td></tr>
<tr><td colspan="4">行动计划</td><td colspan="2">完成标志</td></tr>
<tr><td colspan="4">考虑问题有整体思维，不局限局部，但也不能事无巨细地全面抓，必须认清有时面面俱到反倒是没有重点</td><td colspan="2">当难以决策时，或者在工作思路与他人有冲突时，能够以整体利益最大化为原则决策</td></tr>
<tr><td colspan="4">注重长期地规划，前瞻性地考虑问题</td><td colspan="2">能预见市场和政策未来可能发生的变化，做到取舍，制订未来的区域策略</td></tr>
<tr><td colspan="6">关键弱项 2</td></tr>
<tr><td>问题详述</td><td colspan="5">与人沟通时掩饰较多，没有真正站在对方的角度来考虑问题，同时倾听不足</td></tr>
<tr><td>提升方向及目标</td><td colspan="5">力争表现自然，做到真诚地与人沟通</td></tr>
<tr><td colspan="4">行动计划</td><td colspan="2">完成标志</td></tr>
<tr><td colspan="4">学会倾听，而不是“假装倾听”</td><td colspan="2">多听少讲，找到平衡感</td></tr>
<tr><td colspan="4">学习和运用沟通中的关键点，如“指出不足，明确目标，真正能站在对方的角度来考虑问题”</td><td colspan="2">需融入平时的沟通</td></tr>
<tr><td colspan="6">学员签字承诺：</td></tr>
<tr><td colspan="4">我认可以上提升计划并会严格执行</td><td>学员签字：</td><td></td></tr>
</table>

这位高管在自我提升计划中对自身问题认识比较深刻，同时有具体的行动计划，在辅导中也表现出较高的意愿和配合度。他希望把辅导延续下去，以后会把自己的体会定期在内部进行交流。以下为辅导总结：

辅导效果总结：通过本次的教练辅导，学员获得较大的改善与提升。在反馈过程中，学员多次肯定项目给予的改善作用，在 3 个月的项目中，教练为其排解工作困境，启发其自我工作改进的思路和方法。学员认为，这样的教练式辅导很好地帮助其认识自我短板，在前瞻性思维、系统思维、沟通能力、职业心态方面都有很大的改善。

主要提升方面：通过辅导，学员看到了自己过往没看到的地方，提升了自我认知能力，从而深刻了解自己的优势与不足，有针对性地做出改善。通过辅导，学员看问题的角度变得多样化，能够从长远角度思考问题，思维变得多维而系统，沟通能力也获得了一定的提升，在倾听和建立信任方面的能力也得到了相应的发展。

整体发展建议：建议全局观需要进一步提升，能站在企业战略高度思考问题的思维模式，从而系统性地开展工作，推进企业运营。一方面建议其本人能够关注对管理知识的学习，并有效地运用到工作；另一方面建议企业能够关注他在制定业务管理策略的战略匹配性，适当引导。同时，需要继续学习建立信任的方法，争取早日成为一名优秀团队领导者。

第二节　中基层：学习地图的绘制

在中基层人员的培养上，企业较多采用课程讲授的方式。这就需要绘制学习地图。学习地图的绘制，主要原理是从胜任力—对应学习内容—对应培训计划。同建模中的“编码”对应，可以说是“解码”

的过程。

一、对应学习内容

学习内容通常分为三大类：知识、技能和态度。这个分类的标准主要参考布鲁姆和加涅的理论。学习内容的分类如图 11-2 所示。

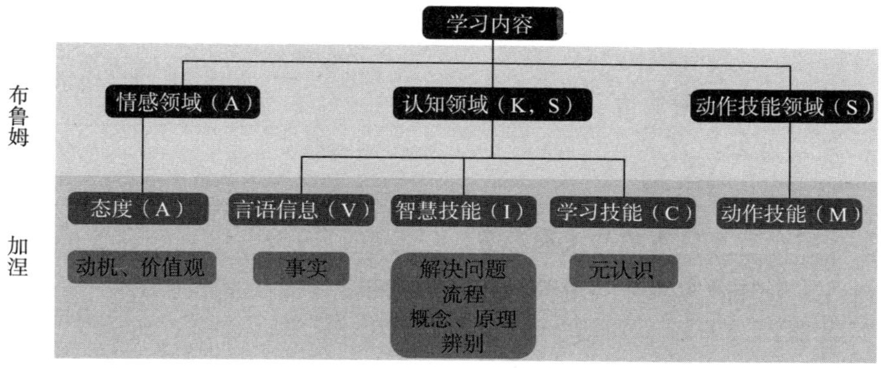

图 11-2　学习内容的分类

布鲁姆把学习领域分为情感领域、认知领域、动作技能领域。而加涅的分法是言语信息、智慧技能、学习技能、动作技能和态度。加涅把布鲁姆的认知领域进一步细分为言语信息、智慧技能和学习技能。

仔细看加涅和布鲁姆的学习分类，都具有动作技能这个共有的领域。布鲁姆的情感领域和加涅的态度，是最艰深的领域，也是最容易让人忽略的。有关这个领域，具体指“个人行为进程的选择”，也就是对某类人、物体、事件的倾向性，或者再直接一点，可以理解为动机、价值观。譬如有些人对事情敏感，有些人对人敏感。《教学设计原理》中认为这部分是可以通过后天的训练调整的，但是笔者认为这部分很难通过学习达成，也是最难影响的部分。

不只是加涅和布鲁姆提到了这一点，乔纳森也提出用心思考和专心致志对整个学习过程的影响，并认为这是学习领域之一。所以，学习领域总体分为理性和情感两部分，现在的教育心理学家多数把精力放在前者，也就是理性的部分，对于情感部分，陈述的篇幅相对不多。笔者认为，这部分恰恰是最重要的部分，也是有待发觉的部分。

情感领域加上认知领域，总体上可以简单分类为知识、技能和态度。

第一章中说到胜任力主要包括知识、技能、动机、价值观等，这可以和学习内容实现一个基本的对应。也就是胜任力的知识、技能部分可以对应学习内容的知识、技能，胜任力的动机、价值观等冰山下部分对应态度。

举个例子来说明胜任力是如何对应学习内容的。

胜任力：创新能力

学习内容：

知识：

· 洞悉行业、市场的发展趋势。

· 了解标杆企业和兄弟公司的创新举措。

技能：

· 引进系统性的管理工具和方法。

· 主动思考如何改进经营管理。

· 善于借鉴竞争对手的经营管理方法。

态度：

· 以积极开放的心态接受创新和变化。

· 尝试改变和运用新的管理理念、方法和实践

二、选择学习课程

构建了学习内容，就可以继续开展下一步——选择学习课程。同一个胜任力基于层级的不同，关注的学习重点也是不同的。在基层，企业较多关注知识和技能；而在中高层，企业会较多地关注技能和态度。仍然以商业敏锐为例，可以按照层级划分。

基层（商业洞察）学习内容

知识：

· 了解市场需求、外部环境及竞争对手的最新情况。

· 了解商业分析的基本框架。

· 了解客户消费的决策模式。

技能：

· 善于通过数据分析工作判断市场趋势，关注数据的内在逻辑与变化。

· 制定和调整发展规划，完善经营策略。

· 善于借鉴竞争对手的经营管理方法。

中高层（商业洞察）学习内容

技能：

· 善于通过数据分析工作判断市场趋势，关注数据的内在逻辑与变化。

· 制定和调整发展规划，完善经营策略。

· 善于借鉴竞争对手的经营管理方法。

态度：

· 主动积极地吸收信息。

· 对市场信息与变化具有较好的敏锐性。

· 专注思考经营策略和市场趋势的关联。

三、绘制学习地图

说到学习地图，必须提 721 法则。721 是人才培养中的一个黄金法则。它的含义就是，在培养中在岗练习、辅导反馈、面授学习三个环节的比例是 7 ∶ 2 ∶ 1。这个法则在国外很早就有相关理论，在国内应用的杰出代表是凯洛格。

到底怎么操作 721，人才培养项目如何布局、计划和运营，这是业界的难点。在培训界会讲课程设计的老师多，而会讲培养方案的老师少，如果去搜索“培训杂志”公众号精华，课程设计与培养方案的文章比例大概是 10 ∶ 1，且培养方案的文章往往流于形式。这背后的原因是什么？培养方案更难、更综合，往往囊括了建模、测评、发展多个端口，需要很强的框架能力。人才培养讲得好的老师屈指可数，如崔连斌老师和朱春雷老师。

人才培养项目，到底如何具体规划呢？

首先，由易到难。由易到难有两层含义，先说第一层。

无论是以胜任力为导向的培养方案，还是以任务为导向的培养方案，学习模块的排序都遵循这个原则。这个原则的本质基于维果茨基的舒适区法则，人的学习难度按照舒适区——挑战区的进程。那么，如何确定一项任务是容易的还是复杂的，推荐丰田人才精益模式中的任务分析。它按照任务是否标准化（是否良构），把任务分为例行工作—技术性工作—技巧性工作—非常规工作，如图 11–3 所示。

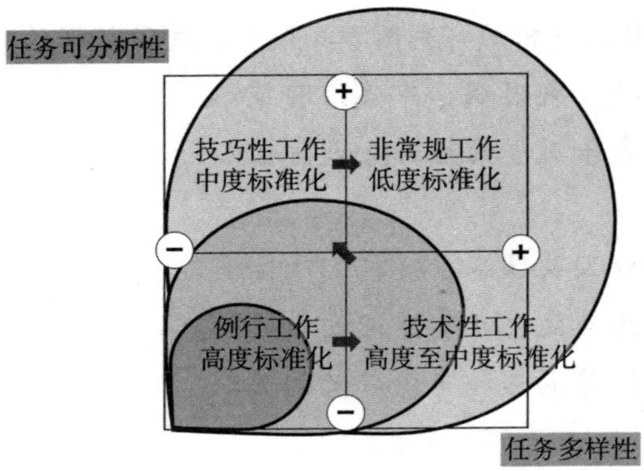

图 11–3　丰田任务分析

学习内容一方面按照难易排序；另一方面会受到公司战略重点变化的影响，也可能受到前期测评发掘共性短板的影响。譬如笔者之前参与培训的一家企业，他们的战略重点是“职能瘦身”，对项目经理的要求更加综合和多元，因此对于项目经理“灵活应变”胜任力要求较高。在这方面，是不是有必要把“灵活应变”胜任力作为首要的学习模块，笔者觉得需要权衡难度和重要性。

由易到难的第二层含义是伴随任务的难度不同，培养策略也是有所不同的。如果是简单的任务，可以调节学习方式和时间，可以把在岗学习的比例适当减少，同时缩短学习时间。如果是复杂的学习任务，在岗学习的比例需要增加，特别是增加教练他人的环节。这一点，在华为的任职资格体系中也可以看到，随着层级的上升，职员学习和认证时间加长。

丰田人才精益模式是一种简单的方式，更加系统的方式是分析学习内容。如前所述，这方面有布鲁姆的ASK和加涅的AMICV学习内容分类。如果学习内容以知识和信息为主，则匹配授课和自学的培训策略；如果学习内容以智慧技能为主，则以匹配辅导反馈和在岗学习为主；如果学习内容以学习技能和态度为主，则以匹配在岗学习为主。以上是常规的原则，通常学习内容会包含三个以上的不同类型，所以培养策略也是混合式的。

其次，以点带面。以点带面也有两层含义，先讲第一层，如图11-4所示。

图11-4　点线面结合

点的含义代表“授课”和“辅导”环节，面的含义代表“在岗练习”。通常而言，所有的培养模块都以点开始，以面贯穿。也就是说，我们会通过“授课”和“辅导”为基础，传授知识、技能和总结经验，然后通过“在岗练习”为实践，巩固和内化。这符合认知心理学的乘方法则。乘方法则强调学习过程不能间断，所以我在授课时有时会看到学员在方案设计中中断在岗学习的进程，这是有问题的，需要尽量避免。

所谓的以点带面，第二层含义是连携效应。确定了培养策略和顺序，接下来企业就要确定培养的内容。作为培训管理者，必须考虑成年人学习的习惯。认知心理学中强调“选择－链接－组织－吸收－强化”五大环节，授课和辅导集中前三个环节，而在岗练习集中后三个环节，其中“组织”这个环节是两者都涉及。所以，在授课的课程选择上、在辅导的内容上、在岗学习的主题上需要保持一惯性。

从图 11-5 发现，三个不同的学习模块（面授、案例学习和行动学习）都是同地产营销新模式相关的，有效地加强了学习的连贯性。在企业中，学习内容由于主观和客观的原因，往往是割裂的。从认知心理学的角度，往往会给学员太多的记忆负荷，无法让学员有效聚焦，也无法让学员真正学会本领，白白浪费了大量的时间和精力。

案例

	CT+CS+AL		
	时间	项目	实施者
CT	专业知识分享		
	30分钟	新形态下的地产行业的营销新热点	
	60分钟	地产营销专业知识： 客群偏好分析与项目定位/数字化营销/定位及推盘节奏	
	最佳实践案例分享		
	30分钟	行业标杆业绩突破最佳实践	
CS	专项研讨		
	1.5天	现销售策略解析/数字营销策略探索/客户定位细分及行业动态/价格定位及策略/案场精细化管理	
AL	计划制订		
	120分钟	2017新营销模型探索计划	
	课后：方案落地执行		
	3～6个月	各项目总落地执行	
	结项：方案汇报评估		
	1天	方案汇报评估	

图 11-5 学习地图

综上所述，首先，721 提供了很好的学习地图框架，帮助企业实现从传统授课到混合学习的转变；其次，它帮助理清了培养策略的先后和内容；最后，分享一个 721 记忆口诀——“学，学中做，做中学”，这个口诀代表了 721 中的三个模块：面授学习、辅导反馈和在岗练习。

721 具体到学习地图就会分为三部分，仍然以商业洞察（面向中层干部）为例。

如表 11-2，面授学习课程《商业战略思维》，可以学习到“了解商业分析的基本框架、了解客户消费的决策模式”（知识）。辅导反馈项目

《商业模拟工作坊》可以学到“善于通过数据分析工作判断市场趋势，关注数据的内在逻辑与变化”“善于借鉴竞争对手的经营管理方法”“制定和调整发展规划，完善经营策略”（技能）和“对市场信息与变化具有较好的敏锐性”（态度）。

最后，师徒带教可以学到“善于借鉴竞争对手的经营管理方法”“制定和调整发展规划，完善经营策略”（技能）“对市场信息与变化具有较好的敏锐性”和“主动积极地吸收信息”（态度）。整个学习地图设计完全围绕“商业洞察”胜任力，有较好的连携效应。同时，符合由易到难的学习模式，给学员梯子跳出舒适圈。

表 11-2　学习地图 2

<table>
<tr><th colspan="3">培训计划</th><th colspan="3">学习内容</th></tr>
<tr><th>面授学习</th><th>辅导反馈</th><th>在岗练习</th><th>知识</th><th>技能</th><th>态度</th></tr>
<tr><td rowspan="3">商业战略思维（2天）</td><td rowspan="2"></td><td rowspan="3"></td><td>了解商业分析的基本框架</td><td rowspan="2"></td><td rowspan="4"></td></tr>
<tr><td>了解客户消费的决策模式</td></tr>
<tr><td rowspan="3">商业模拟工作坊（一周）</td><td rowspan="4"></td><td>善于通过数据分析工作，判断市场趋势，关注数据的内在逻辑与变化</td></tr>
<tr><td rowspan="3"></td><td rowspan="3">师徒带教（2个月）</td><td>善于借鉴竞争对手的经营管理方法</td></tr>
<tr><td>制订和调整发展规划，完善经营策略</td><td>对市场信息与变化具有较好的敏锐性</td></tr>
<tr><td></td><td></td><td>主动积极地吸收信息</td></tr>
</table>

后　记

胜任力助力组织发展

写完这本书时，我仍然意犹未尽。其中，有不少话题仍然值得挖掘。

不同行业胜任力的特点，比如房地产行业是一个很有特色的行业，在如今由黄金时代转向白银时代的背景下，房地产行业关键岗位的胜任力标准会如何变化?

再比如销售是一个广泛的职业，不同类型的销售又有不同特点的胜任力，比如云销售和大单销售、面谈销售和渠道销售。

胜任力和人格特质之间的关联，作为销售，是否要具备外倾性性格。事实上，是否具备外倾性性格，和成为销冠没有关联，这可能打破了很多人的误区。

以上几点在本书中已经做了部分探讨，但是仍然可以继续挖掘。在第八章中，有些主题的关联性并不紧密，这部分是在后期逐步加上的。如果大家深入研究一些题目，是可以有续篇的，比如胜任力“授人以渔”，比如胜任力适合的企业。

还有胜任力应用的部分，应该说在这三个章节中，我已经列举了不少例子。事实上，胜任力的应用非常广阔，如果胜任力是源头，那么胜任力应用就是大海，我列举的案例只是其中的很少一部分。尽管应用不少，但是好的案例却不易找，有好的案例，诸位一定要认真分析其中的特点。特别是在人才测评和人才盘点方面，能找到不少经典的案例。

胜任力的特点在于，它是心理学和人才管理连接的桥梁，既有心理学的理论化的部分，如个性动机，也有人才管理中实践化部分，如领导力。所以，胜任力是一个很好的切入点，能帮助各位读者深入 TD、切入 OD。

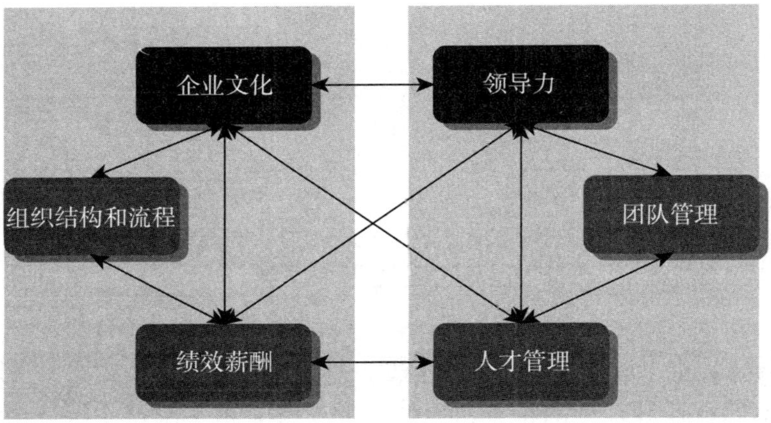

人力资源的模块

过往，企业更加关注那些“硬”的部分，如组织结构、绩效、薪酬，但是随着对人效的重视，我相信“软”的部分，如领导力、干部管理、人才管理会越发重要。

尤其是在目前组织能力升级、人均效能提升的时代，如何发掘有潜质的人，如何提升人员的胜任力，将是一个热点话题。在这方面，真正有价值的资料还不多，还有大量的空间可以研究，特别是针对关键岗位的人才画像。

在撰写本书的过程中，我在自己的公众号“文卿阁”文章的基础上，做了修改和优化，前后花了大半年时间。在写本书的过程中，深刻感受到写书犹如“挤药膏”，如果没有大量的知识储备和积累，把感受铸成文字会很辛苦。所以，仰望前人，为那些经典的胜任力著作叫好。

思前想后，首先要感谢我曾经任职的两家咨询公司，Timer 和赫仕，这两家公司对我的成长起到了决定性作用，感谢两家公司的创始人对我的培养和扶持。另外，感谢几位朋友在写作中给我的帮助，包括顾巧云、王会君等，他们给我提出了不少建议。还要感谢家人对我的支持和鼓励。最后，也要感谢识干家给予的大力支持，让我能够集腋成裘，有机会出版这本书。

附　录

主流胜任力词典评价

本书主要介绍三本词典：

· FYI Korn Ferry International。

· 前合益千禧版词典。

· 才能评鉴法 (LYLE M.SPENCER)。

首先来讲讲 FYI（如何自我提升）。讲这部词典之前，先讲这部词典的发明者——Lominger。相比 McBer 由心理学家创办，Lominger 则由咨询顾问创办。可以说，Lominger 对 McBer/Hay 的体系有继承和发展，其特点是：

第一，McBer/Hay 词典的胜任力项都比较少，而且有分级。分级的标准各不相同且层级较多；而 FYI 的胜任力项比较多——67 条，且仅分为“欠缺、适用、过度”三个等级。那么到底是胜任力项少（20 条左右）合适，还是胜任力项多（70 条左右）合适？我认为，如果比较一下，会发现 20 条中的细分组成了 67 条中的大部分。拿 Hay 的词典中的 TL（团队领导）中提到团队工作效率、指引航向、维护团队，这分别和 FYI 词典中的组建高效团队（60）、管理愿景和目标（65）、关心下属（7）一一对应。所以，某种程度上可以理解为 FYI 版本是 McBer/Hay 版本的一种变型和商业化应用。相对于后者的艰深和难以理解，把层级简化为胜任力是一种通俗易懂的解释，所以能够在商业化道路上走得更远。

第二，FYI 相比 McBer/Hay 词典，有不少创新的动作。一是他强调技能过度使用的副作用，比如富有同情心（10），过度使用可能导致：与人过于亲近、无法客观评价、导致逃避责任。这方面，我觉得是值得思考的，任何技能使用过度都会导致负面效应。所谓“路径依赖”，如何掌握一个度，和中国的中庸思想有一致性。二是强调技能之间的替代和互补，这一点在光辉国际的词典中有继承。如果不擅长某项技能，则由其他若干技能替代。以富有同情心（10）为例，亲和力（3）和关心下属（7）是可以替代的。如果你过度使用某项技能，可以用其他若干项胜任力来弥补。这就加强了胜任力之间的关联性，胜任力不再是孤立的。

第三，Lominger 把发展和人才标准很好地结合起来，他在发展上的篇幅大概占了一半。其中的方式有改进方法、在职培养建议、建议读物、发展难易度矩阵。值得注意的是，发展难易度矩阵是一个特别好的、把人才标准和人才发展相关联的指南。

然后讲讲其他两本词典。前合益千禧版词典和才能评鉴法，这两本词典的面世时间都要早于 FYI。这两本书代表了胜任力的早期学派，也就是以心理学家为代表的一批人，这里面包括 McClelland、Boyatzis、Spencer。

前合益千禧版词典的优点在于，严格的按照心理学的分析呈现，把胜任力分为积累的 / 不可积累的、渐进的 / 非渐进的。英文版中为了说明能力分层，列举了大量的案例。最后还有两点要分享的：一是 HAY 把能力项和情商相关联，分为四个族：Self-awareness, Self-Management, Social awareness, Social skills。二是在最后列明了 Coder's decision tree，讲清了如何通过 BEI 去提取胜任力。这个 BEI 的方法其实是继承 McBer。这本词典我建议去看英文版，英文版比中文版的内容丰富得多。

还有一本是才能评鉴法，这本书的作者就是 Spencer 本人。Spencer 受 Boyatzis 教授的启发，在 1989 年决定针对全球 200 个以上的工作，开始进行观察并研究得到的结果。这本书中的胜任力项和 Hay 词典中的几乎雷同，不同的是分级，才能评鉴法的分级更加细致。它可能包括这几个分级的方式：行动力的强度或完整、影响力的大小、工作的规模或组织的层级、行为的复杂度、努力的程度、某些独特构面（如自信中的如何面对失败），所以他的分级复杂得多，这是一个优点。还有一个优点是，这本书同 HAY 词典类似，也花了大量的篇幅讲 BEI 的技巧。

胜任力书籍评价

胜任力模型的书市面上很少，国内不少讲胜任力的书要么走学术路线，要么不得要领。所以，我推荐国外的书籍，包括 McBer、Lominger、Hay 出的书。这三家公司现在终于合到了一起——被 KornFerry 收购了。

具体看 McBer、Lominger、Hay，它们可以分为两个流派，Hay 直接继承了 McBer 的学术派，而 Lominger 则大大扩充了胜任力，提升了商业应用的价值。接下来我介绍三本书。

第一，《绩效跃进——才能评鉴法的极致运用》，杜柏伊斯。

杜柏伊斯是国际知名的人力资源发展顾问，擅长能力绩效改进。虽然这本书出版时间有点久，但是仍然经典。在导论中重点讲了几个词语的定义，如 competence，competency 和 competency model，可以看出每位心理学家对于定义都有不同的解释。

从整体框架上看，这本书把胜任力在组织中的实践分为几步并展开。

· 需求分析。

· 建立胜任力模型。

· 课程规划。

· 学习策略的设计与发展。

· 测评。

这里重点讲第二步和第四步。第二步讲了几种不同方法的运用，包括 JCAM（才能评鉴法）、MJCAM（简化的才能评鉴法）、GMOM（概括模型覆盖法）、CGMM（定制化模型法）、FJCMM（弹性胜任力模型法）。

其中，JCAM 和 MJCAM 的区分在于，MJCAM 不是采用一对一的访谈，而是把重要的行为故事写下来，发给顾问。GMOM 类似于现在的敏捷建模，沿用现有的胜任力模型。CGMM 和 FJCMM 两者基本类似。

在接下来的胜任力发展中，本书按照加涅的理论，把胜任力划分为五个领域——智力技能、认知策略、词汇资讯、行动技能和态度，这五个领域中不同的胜任力用不同的方式发展。

第二，《胜任力模型应用实践》，张登印等。

这本书是智鼎咨询的团队编写的，智鼎咨询过往聚焦胜任力和测评，出过几本不错的书，比如田效勋老师的《过去预测未来：行为面试法》。这本书主要是基于胜任力的应用展开，其中包括人力资源规划、人才招聘与甄选、绩效管理、培训体系设计、职业生涯规划、人才盘点六个模块。其中，给了一些基础工具，有一定参考价值。另外，结合各模块给了不少案例，值得借鉴。

第三，《胜任素质模型构建与应用》，严正、卜安康。

这本书是和邦咨询早些年出的，有借鉴价值。一方面对于胜任力模型的构建流程比较完整，从战略到构建；另一方面案例比较详细和具体，比如编码，会列出非常具体的案例，是一本难得一见的胜任力书籍，有手把手教的感受。

参考文献

[1] 杰弗瑞・莱克 . 丰田模式（领导力篇）[M]. 北京：机械工业出版社，2016.

[2] 莱尔・史班瑟 . 才能评鉴法：美国军方才能评鉴法 [M]. 广东：汕头大学出版社，2005.

[3]R. 基恩・索耶 . 剑桥学习科学手册 [M]. 徐晓东等译 . 北京：教育科学出版社，2010.

[4] 加涅 . 教学设计原理 [M]. 上海：华东师范大学出版社，2018.

[5] 郭士纳 . 谁说大象不能跳舞 [M]. 张秀琴，音正权译 . 北京：中信出版社，2015.

[6] 鲍尔 .x 麦肯锡本色 [M]. 张秀琴，音正权译 . 北京：中国人民大学出版社，2010.

[7] 弗里德曼 . 世界是平的 [M]. 何帆，肖莹莹，郝正非译 . 湖南：湖南科技出版社，2008.

[8] 曼弗雷德 . 性格与领导力的反思 [M]. 丁丹译 . 北京：东方出版社，2016.

[9] 斯蒂芬・科维 . 高效能人士的七个习惯 [M]. 王亦兵译 . 北京：中国青年出版社，2008.

[10] 王祥伍，谭俊峰 . 华夏基石方法：企业文化落地本土实践 [M]. 北京：电子工业出版社，2013.

[11] 诺埃尔・蒂奇，艾利・柯恩 . 领导力引擎 [M]. 周景刚译 . 北京：中国人民大学出版社，2010.

老板·创业			
一、经理人			
书名	**内容**	**书名**	**内容**
老总有想法，高层有干法 王清华 著	企业将、帅之间的定位问题、角色问题、方法问题、思维问题、管理问题等	**历史深处的管理智慧1：组织建设与用人之道** 刘文瑞 著	通过历史鉴照当今企业选人用人、二代接班人、创业团队管理等问题
历史深处的管理智慧2：战略决策与经营运作 刘文瑞 著	通过历史鉴照当今企业决策、战略规划、战略冒进、决策监督等问题	**历史深处的管理智慧3：领导修炼与文化素养** 刘文瑞 著	通过历史鉴照当今企业的领导修养、用权、管理风格等问题
老板经理人双赢之道 陈明 著	经理人怎么选平台、怎么开局，老板怎样选/育/用/留		
二、用人			
用好骨干员工 王敏 著	系统化分享关键人才打造与激励方法	**领导这样点燃你的下属** 孟广桥 著	领导者如何才能让员工积极主动地工作
让用人回归简单 宋新宇 著	帮助管理者抓住用人的要害，让用人变得简单	**激活新生代员工** 史量 孙斌 著	走进新生代的世界，一套行之有效的管理、激活90后、95后、00后的方法
三、转型·创业			
创业要过哪些坎 董坤 著	15年创业咨询经验总结的创业遇到的问题及办法	**高潜牛人** 董坤 著	创业和事业发展中如何找到牛人
成为下一个SaaS独角兽 崔牛会 主编	19位SaaS领专家，7个不同的视角总结SaaS行业实践	**创模式：23个行业创新案例** 段传敏 著	CEO社群23位企业家的思考与实践分享
重生——中国企业的战略转型 施炜 著	本书对中国企业战略转型的方向、路径及策略性举措提出了建议和意见	**7个转变，让公司3年胜出** 李蓓 著	企业估值、业务模式、营销、生产制造、客户服务、用户黏性、组织管理7个转变
企业二次创业成功路线图 夏惊鸣 著	五步骤给出了一幅企业二次创业经营突破、管理提升的成功路线图	**跟老板"偷师"学创业** 吴江萍 余晓雷 著	如何通过"偷师"学习与积累当老板的阅历
公司由小到大要过哪些坎 卢强 著	企业成长路线图，现在我在哪儿、未来还要走哪些路都清楚了	**跳出同质思维，从跟随到领先** 郭剑 著	66个精彩案例剖析，帮助老板突破行业长期思维惯性
极速增长：企业扩张策略 董坤 著	以"8shoes扩张法则"为思考框架，帮助处于这个阶段的创业公司及以创业公司形式孵化的变革型项目做出清晰的战略选择		
企业经营			
经营打造你的盈利系统 高可为 著	选择最有效的经营策略，打造属于自己的商业模式	**中国企业的觉醒** 王涛 著	企业告别自私、野蛮，转向善良、爱，才会赢得消费者
成为敏感而体贴的公司 王涛 著	未来有竞争力的企业，一定是那些敏感而体贴的公司	**有意识的思考** 王涛 著	对头脑中固有观念保持觉察，从而超越它们的局限
简单思考 孔祥云 著	著名咨询公司（AMT）CEO创业历程中的经验与思考	**写给企业家的公司与家庭财务规划** 周荣辉 著	以企业的发展周期为主线，介绍各阶段企业与企业主家庭的财务规划

续表

书名	内容	书名	内容
从10亿到100亿的企业顶层设计 刘建兆　著	重新定义企业成长方式，有效益、有效率、有效能、有效果、有品质的良性成长	**活系统：跟任正非学当老板** 孙行健　尹贤　著	造活系统，使系统活，靠系统活，活的系统
宗：一位制造业企业家的思考 刘建兆　著	发展20年营业额近亿元制造业企业家的思考与心得	**使命：驱动企业成长** 高可为　著	用大企业发展轨迹及企业家的心路历程，揭示企业成长的基因、做事的逻辑
让经营回归简单 宋新宇　著	战略、客户、产品、员工、成长、经营者的经营法则	**边干边学做老板** 黄中强　著	86个案例讲述中小公司成长过程中遇到的问题和方法
盈利原本就这么简单 高可为　著	跨越业务与财务边界，为企业提高盈利水平提供方法	**战略参谋：写出管用的战略报告** 蔡春华　著	企业对自己、市场、行业其实了解更深，助你高质量完成战略规划
不战全胜：给企业家读的孙子兵法 王吉坤　杨伟霞　著	从《孙子兵法》提炼和总结了帮助企业打造行业龙头品牌的体系	**公司离不开的全栈运营高手：产品运营与推广获客** 王虎　著	涉及运营案例、思维理论、实操复盘、管理方式、推广策略等，是作者八年运营推广经验的浓缩
公域引流　私域经营：这样经营用户关系 王庆云　汪洋　著	为大中型企业提供私域建设的顶层和全景式框架，探索不同业务特性可能适配的不同私域模式	**平台生态：价值创造与价值获取** 彭毫　罗珉　著	厂商之间的竞争已经从产品转到平台，如何创造新的价值创造和获取模式，是企业最想得到的答案
合伙制经营：有效激励，而不丧失控制权 胡八一　著	重点阐述实施合伙制的流程，通过四步为企业家提供一种有效激励而不丧失控制权的工具和方法	**机制创造人才** 彭剑锋　尚艳玲　著	华夏基石专家团著作，为个体赋能，经营人成就人，进行机制创新和价值管理
管理·管理学			
一、企业管理			
让管理回归简单 宋新宇　著	从目标、组织、决策、授权、人才、老板自己等提供方案	**管理的尺度** 刘文瑞　著	西医式的体检化验，又要施加中医式的望闻问切
管理：以规则驾驭人性 王春强　著	人性驾驭角度权度运筹安排的可兑现性，管理有效性	**看电影，学管理** 刘文瑞　著	十六部电影的解读，揭示电影内含的管理之道
好管理　靠修行 曾伟　著	从佛法、道法思想中寻找管理智慧	**公司大了，怎么管** 金国华　著	成长型企业发展中的共性问题，通过案例实录解开
低效会议怎么改 王玉荣　葛新红　著	从梳理公司会议体系的层面改变低效会议的现状	**年初订计划年尾有结果** 郭晓　著	总结七步落地方案让战略计划切实落地实现
分股合心 段磊　周剑　著	围绕股权激励，详细介绍相关知识和实行方法	**员工心理学超级漫画版** 邢磊　著	以漫画形式对组织中个体心理的全面介绍和深入探讨
让投诉客户满意离开 孟广桥　著	投诉法律法规，应对各种投诉技巧等提升客诉能力	**管理就是定计划，抓落实** 张国祥　著	员工"看了就会、拿来就用"的计划制订操作指南
不读韩非子，怎么当老板 王春强　著	通过集中分析有关人性的内容，引导现代管理者更深理解人性是如何影响企业运行，以及管理者应如何因人性而实施管理	**重新想象组织** 彭剑锋　尚艳玲　著	华夏基石专家团著作，通过组织变革逐步进化，找到成长之道，让企业可持续发展

续表

书名	内容	书名	内容
战略管理有方法 和恒咨询　著	结合中国企业实践总结的一套独创性、实操性的战略方法，100＋工具轻松做战略	高管如何为公司创造高增长 彭剑锋　尚艳玲　主编	战略驱动着企业成长，企业又该如何突破增长的瓶颈
二、管理思想			
管理学的奠基者 刘文瑞　著	近代以来的管理思想发展揭示管理思想的演化奥秘	巴纳德组织理论研读 郭威　著	深度研读巴纳德《经理人员的职能》，帮你理解和看懂
管理学在中国 刘文瑞　著	科学看待管理学流入中国，对继承发展进行深入的阐述	德鲁克管理学 张远凤　著	以德鲁克管理思想发展为线展示 20 世纪管理学的发展
德鲁克与他的论敌们 罗珉　著	德鲁克与马斯洛、戴明等诸多管理大师论战的故事	德鲁克管理思想解读 罗珉　著	全面解构德鲁克思想的精髓与实践价值
治论：中国古代管理思想 张再林　著	深入分析中国古代哲学基本精神的基础上，梳理分析了儒法墨三家的管理思想	流程经理 10 年案例笔记 王焕东　著	用自身工作和生活中的鲜活案例及思考后的心得呈现不一样的流程管理思想
透过决策看组织 李慧才　著	对西蒙管理行为进行贴近企业的通俗化解析和阐释	为什么高管爱读德鲁克 王鹏　著	辅助深读德鲁克、提升管理认知
营销·销售			
一、企业销售			
大客户销售这样说这样做 陆和平　著	大客户销售活动的十大模块，68 个典型销售场景	向高层销售 贺兵一　著	销售人员与客户高层打交道需要重点掌握的知识、技巧
资深大客户经理 叶敦明　著	将大客户经理必须具备的规划、策略、执行三种能力运用自如	成为资深的销售经理 陆和平　著	让销售经理成功把握销售管理的 6 个关键点，并提供工具
销售是个专业活 陆和平　著	据客户采购流程拆分销售过程十阶段，讲解方法技巧	学话术　卖产品 张小虎　著	手机、电动车、家电、食品等消费品的一线销售话术
工程项目大客户销售攻略 陆和平　著	三十八讲循序渐进，全方位透视工程大项目拿单的奥秘，通俗易懂，看了就能用	大客户销售谈判：获得利润的最快途径 陆和平　著	从不会谈判到成为谈判专家，帮助你在与大客户的谈判中轻松说服对方，实现从一次成交、成本价成交到高价成交、持续成交的转变
二、企业营销			
新营销组织力 迪智成　著	适应最新数字化外部环境，系统化协同组织能力建设	营销按钮 老苗　著	讲述存在于人性及各个营销环节中的“按钮”
精品营销战略 杜建君　著	“精品营销战略”核心逻辑与营销组合策略	360°谈营销 王清华　古怀亮　著	营销是立体的，从不同角度观察不同企业的营销精髓
互联网精准营销 蒋军　著	互联网时代整体策划、包装品牌和产品	招招见销量的营销常识 刘文新　著	做好基本的营销动作都可以提高销量、降低成本
用数字解放营销人 黄润霖　著	用数字说话覆盖营销工作的方方面面	用营销计划锁定胜局 黄润霖　著	让营销计划落地，营销人员只需解决两个问题：基数与概率

续表

书名	内容	书名	内容
我们的营销真案例 联纵智达研究院　著	五芳斋粽子、诺贝尔瓷砖、利豪家具、保健品、娃哈哈	**中国营销战实录** 联纵智达研究院　著	51个案例，46家企业，46万字，18年积淀
弱势品牌如何做营销 李政权　著	产品与物流通道、服务通道、促销互动通路，提供方法	**解决方案营销实战案例** 刘祖轲　著	十大工业品作者实操案例解码解决方案营销
升级你的营销组织 程绍珊　吴越舟　著	根据企业的实际情况建立有机性营销组织	**变局下的营销模式升级** 程绍珊　叶宁　著	十年大量案例归纳三种核心驱动要素、三种升级方向
老板如何管营销 史贤龙　著	十六个招式，理论与案例相结合，高段位营销方法	**孙子兵法营销战** 刘文新　著	理解《孙子兵法》原意的同时，还可体悟到营销之用
新营销2.0：从深度分销到立体连接 刘春雄　公方刚 牛恩坤　等著	立体连接打通三度空间，在互联网时代诞生快消品领域的超级巨头		
三、品牌			
中国品牌营销十三战法 朱玉童　著	深度演绎最符合企业品牌营销策划的十三套实战战法	**中小企业如何打造区域强势品牌** 吴之　著	从如何建立强势品牌的角度解析扩张难题
小众战略：小资源打造强势品牌 吴修利　著	从品牌观念、市场调研、竞争机会、内部调整等角度，对产品、渠道、传播等核心原则进行了系统梳理	**把品牌建在顾客心里：4步实现品牌IP化** 张学军　著	让品牌自带话题，自主传播
四、营销策划			
这样写文案，就没有卖不动的产品 秦剑　刘安丽　著	术、法、道三个层面由浅至深培养商业文案创作能力	**洞察人性的营销战术** 沈坤　著	介绍了28个匪夷所思的营销怪招，大部分可以直接运用
双剑破局：沈坤营销策划案例集 沈坤　著	双剑公司8年来的实操案例，每个项目诞生过程、策划角度和方法	**社区团购就这么干：供应商•平台•团长•用户** 陈海超　杨顶刚　著	分享最新实践经验，一看就懂，照着就能做
企业案例			
鲁花：一粒花生撬动的粮油帝国 余盛　著	鲁花如何成长为优秀的带动农业产业发展的品牌，鲁花你一定学得会	**金龙鱼背后的粮油帝国** 余盛　著	以金龙鱼为脉的一部中国粮油行业的史诗
你不知道的加多宝 曲宗恺　牛玮娜　著	以时间为轴线，详细叙述了加多宝品牌的发展历程	**静水流深** 黄治国　著	作者在美的十五年对何享健内部讲话资料的整理
娃哈哈区域标杆 罗宏文　快车君 赵晓萌　寇尚伟　著	讲娃哈哈豫北市场如何成为娃哈哈全国第一大市场、全国增量第一的市场	**借力咨询：德邦成长背后的秘密** 官同良　王祥伍　著	德邦将自己积累的与咨询公司发展共赢的合作逻辑和盘托出
六个核桃凭什么从0过100亿 张学军　著	全视角深度解读养元企业的裂变成长，复盘十年蜕变轨迹	**像六个核桃一样** 王超　著	六个核桃为什么卖得这么好，产品畅销的6大要义36条简明法则

续表

书名	内容	书名	内容
中国首家未来超市 IBMG 集团　**著**	对乐城超市的掌门人及内部员工的采访详细阐释了乐城的经验	**三四线城市超市如何快速成长：解密甘雨亭** IBMG 集团　**著**	甘雨亭的许多关键经营指标均高于行业标准，学习其成功的方法
集团化企业阿米巴实战案例 初勇钢　**著**	作者在某酒厂推行阿米巴经营模式的心得		
经销商			
新经销：新零售时代教你做大商 黄润霖　**著**	探访近 100 位经销商在传统营销手法上的创新，传统营销微创新和新营销本地化	**商用车经销商运营实战** 杜建君　王朝阳 章晓青　**著**	对商用车经销商的经营与管理、4S 店运营做了全方面的总结
跟行业老手学经销商开发与管理 黄润霖　**著**	从管理耐用消费品经销商角度提炼了 48 个代表性问题并给出解决办法	**快消品经销商如何快速做大** 黄润霖　**著**	经销商如何通过经营实现规模，通过管理实现规模效益
建材家居经销商实战 42 章经 王庆云　**著**	经营管理的心法和战法，帮助经销商成为“业务妙手”和“管理能手”	**成为最赚钱的家具建材经销商** 李治江　**著**	针对建材家居行业的经销商，从销售模式、产品、门店、市场等方面给出方法
白酒经销商的第一本书 唐江华　**著**	对经销商如何选择厂家、合作、运营品牌等问题给出建议	**快消品招商的第一本书** 刘雷　**著**	从招商理论到招商动作进行系列化分解，化繁为简
大商方法：榜样经销商与厂家的合作之道 唐道明　**著**	洞察厂商合作的核心，为经销商提供可行的方法，手把手教你做大商	**快消品经销商成功密码** 舟谱商学院　**著**	通过 8 个真实经销商案例，分享快消品经销商成功经验与方法
中小企业			
中小企业如何打造区域强势品牌 吴之　**著**	从如何建立强势品牌的角度解析扩张难题	**用流程解放管理者** 张国祥　**著**	8 个板块构成，共 66 篇文章，14 幅流程管理图
用流程解放管理者 2 张国祥　**著**	对中小企业规范化流程管理进行系统的阐述	**弱势品牌如何做营销** 李政权　**著**	产品与物流通道、服务通道、促销互动通路提供方法
本土化人力资源管理 8 大思维 周剑　**著**	用最贴近中国中小企业现实管理情境的案例讲述周围人的“家事”	**中小农业企业品牌战法** 韩旭　**著**	农业企业需要全产业链视野，更需要品牌实战方法
门店管理			
门店销售冠军复制系统 王吉坤　**著**	门店型企业如何打造可复制的销售冠军系统	**新零售动作分解与实操：建材·家居·家具** 盛斌子　**著**	对泛家居行业趋势、店面管理、团队管理、促销推广、五感营销等提供策略
家具建材促销与引流 薛亮　李永锋　**著**	对泛家居营销执行模式和工具、关键环节等进行汇总	**建材家居门店 6 力爆破** 贾同领　**著**	产品力、导购力、形象力、推广力、服务力、组织力
家具行业操盘手 王献永　**著**	总结家具终端门店发展的现状及问题并给出策略	**手把手教你做专业督导** 熊亚柱　**著**	系统梳理督导的核心技能，岗位职责、工作流程及技能

续表

书名	内容	书名	内容
手把手帮建材家居导购业绩倍增 熊亚柱　著	针对建材家居门店的业务人员，用案例故事还原场景教你成为好导购	**10 步成为最棒的建材家居门店店长** 徐伟泽　著	梳理店长管理的核心工作职责、店面管理规范，帮助销售人员成长
建材家居门店销量提升 贾同领　著	9 个板块讲述建材门店一个单店如何做到经营的良性循环	**总部有多强大，门店就能走多远** IBMG 集团　著	五大方向综合阐述连锁零售企业总部如何提升管理能力
赚不赚钱靠店长，从懂管理到会经营 孙彩军　著	注重专卖店的经营思路拓展、门店管理细节方面能力的提升	**新医改了，药店就要这样开** 尚锋　著	从药店定位的思考，内部和会员管理等方面探讨中小型药店发展方向
电商来了，实体药店如何突围 尚锋　著	新时代药店经营的三驾马车：药学专业服务、会员贴心服务和精准定向促销	**引爆药店成交率 1：店员导购实战** 范月明　著	药店人的零售工作，怎样接待顾客，完善销售技巧
引爆药店成交率 2：药店经营实战 范月明　著	从药店经营角度建立改善门店现状的实用标准	**引爆药店成交率：专业化销售解决方案** 范月明　著	从简单的拿药服务到提供多角度的专业解决方案
口腔门诊盈利倍增：精益口腔 杨伟霞　王吉坤　著	为口腔门诊定制业绩提升管理系统并落地实施		
互联网			
一、互联网转型			
画出公司的互联网进化路线图 李蓓　著	18 个“可以……吗”的问题作为产品、客户和价值方面的指引牌	**7 个转变，让公司 3 年胜出** 李蓓　著	企业估值、业务模式、营销、生产制造、客户服务、用户黏性、组织管理 7 个转变
重生战略移动互联网和大数据时代的转型法则 沈拓　著	四个重生战略对应四个法则，告知传统企业的转型重生之路	**创造增量市场：传统企业互联网转型之道** 刘红明　著	为读者提供了寻找这些互联网的切入点和接触点的具体方法，带来增量市场
互联网 + 变与不变 本土管理实践与创新论坛　著	61 篇精华文章，聚焦传统行业如何互联网 + 时代转型	**今后这样做品牌** 蒋军　著	顶层设计、营销创新、产品战略、渠道变革、品牌策略
移动互联新玩法 史贤龙　著	立足现实，剖析新时代背景下的移动互联趋势与热点	**互联网时代的成本观** 程翔　著	多维组合成本的互联网精神和大数据特征及应用
正在发生的转型升级实践 本土管理实践与创新论坛　著	100 多位本土管理专家当年对最新一年的思考和实践	**1000 铁杆女粉丝** 张兵武　著	如何让普通女性成为忠实追随的铁杆粉丝，磁力点、情感结、甜蜜区、信任圈
混沌与秩序 Ⅰ：变革时代企业领先之道 彭剑锋　施炜　苗兆光 王祥伍　孙波　夏惊鸣	新环境下企业面临变革应如何应对，企业家如何坚守并与企业共同成长	**混沌与秩序 Ⅱ：变革时代管理新思维** 彭剑锋　施炜　苗兆光 王祥伍　孙波　夏惊鸣	对处于时代变革下的企业管理新机制、人力资源管理新思维，组织与人的新型关系，结合案例提出优化建议
消费升级：实践·研究 本土管理实践与创新论坛　著	从经营、管理、行业三个方面记录消费升级下的实践	**互联网精准营销** 蒋军　著	互联网时代整体策划、包装品牌和产品
智能推荐：让你的业务千人千面 刘国炅　周波　著	从资讯、电商、文娱行业来详细讲解智能推荐的应用，用户时间的争夺战	**制造业外贸营销网站建设** 宋金亮　著	介绍整个网站从无到有的实现过程，从分析思路、撰写内容到规划页面，列举了大量正反面实例，帮助读者理解和投入实践

续表

书名	内容	书名	内容
二、抖音、微信微商、电商			
抖音营销系统 刘大贺　著	抖音系统的实战营销知识，上百个从0做大的案例	**金牌微商团队长** 罗晓慧　著	微商团队长创业实操的指导工具书
微商生意经：真实再现33个成功案例操作全程 伏泓霖　罗晓慧　著	精心挑选的33个微商成功案例，阐述具体操作过程	**快速见效的企业微信营销方法** 孙巍　著	站在微信生态的立体高度系统讲述企业微信快营销方法论
阿里巴巴实战运营：14招玩转诚信通 聂志新　著	产品定位、阿里巴巴排名因素、数据分析、标题优化等	**阿里巴巴实战运营2：诚信通热卖技巧** 聂志新　著	打开诚信通运营的金钥匙，十大具体运营技巧
三、行业新营销			
餐饮新营销 杨勇　程绍珊　著	聚焦餐饮企业转型，系统的餐饮企业营销管理体系	**新零售进化路径** 李政权　著	预先复盘新零售及商业的未来，找到方向
珠宝黄金新营销 崔德乾　著	珠宝业新营销/新品牌/新产品/新零售/新连接/新场景/新服务/新传播/新管理	**新经销：新零售时代教你做大商** 黄润霖　著	探访近100位经销商在传统营销手法上的创新，传统营销微创新和新营销本地化
新零售动作分解与实操：建材·家居·家具 盛斌子　著	对泛家居行业趋势、店面管理、团队管理、促销推广、五感营销等提供策略	**新营销** 刘春雄　著	让品牌商和渠道商掌握获得独立流量的能力，能够与平台商博弈
快速见效的企业网络营销方法 B2B　大宗 B2C 张进　著	数据和案例90%来自作者服务的中小企业，快速全面地学习企业网络营销方法	**移动互联下的超市升级** 联商网专栏　著	超市未来的发展趋势，对社区超市、生鲜、全渠道建设、O2O等提出观点
百货零售全渠道营销策略 陈继展　著	零售行业的竞争重点、行业本质、战略转型、未来趋势、经验和案例	**互联网时代的银行转型** 韩友诚　著	银行业在互联网金融变革浪潮中所做的积极应对和转型布局
触发需求：互联网新营销样本·水产 何足奇　著	通过鲜誉案例解读阐述水产行业如何进行互联网转型	**新农资如何弯道超车** 刘祖轲　著	从农业产业化、互联网转型、行业营销与经营突破四个方面阐述农资企业转型
新零售　新终端 迪智成　著	将新零售系统打法做梳理并落地在新终端建设上		
医药医疗			
一、药店			
新医改了，药店就要这样开 尚锋　著	从药店定位的思考、内部和会员管理等方面探讨中小型药店发展方向	**电商来了，实体药店如何突围** 尚锋　著	新时代药店经营的三驾马车：药学专业服务、会员贴心服务和精准定向促销
引爆药店成交率1：店员导购实战 范月明　著	药店人的零售工作，怎样接待顾客，完善销售技巧	**引爆药店成交率2：药店经营实战** 范月明　著	从药店经营角度建立改善门店现状的实用标准
引爆药店成交率：专业化销售解决方案 范月明　著	从简单的拿药服务到提供多角度的专业解决方案	**连锁药店新风口：资本　智能　大数据** 动脉网　著	对我国连锁药店的市场环境、行业现状等进行分析，给出对连锁药店未来发展趋势的预判
药店导购关联销售技巧与成交话术 范月明　著	以药店情景案例导入，介绍常见疾病的导购销售话术与顾客心理分析，进而提供关联销售解决方案		

续表

书名	内容	书名	内容
二、药品销售			
医药第三终端：从控销到动销 诊所 基层医疗 王祥君 张芳文 著	用大量案例来梳理药企落地动销的策略、方法和技战术	**医药营销：诊所开发维护与动销** 张江民 著	从六个方面系统阐述基层诊所市场营销攻略
处方药合规推广实战宝典 赵佳震 著	对处方药推广体系搭建、推广人员岗位内容等六个方面进行阐述	**医药代理商经营全指导** 戴文杰 著	从产品选择、价格体系设计、路径管理等维度描述代理商产品操作的基本策略
处方药零售这样做 田军 著	处方药零售的重要性及做市场的具体措施和方法	**OTC 医药代表药店开发与维护** 鄢圣安 著	一位从初级 OTC 医药销售代表成长起来的销售经理的经验分享
OTC 医药代表药店销售 36 计 鄢圣安 著	以《三十六计》为线，阐述 OTC 医药代表向药店销售的技巧与策略	**做医生信赖的医药代表** 邹晓徽 宁剑锋 朱文虎 著	医药代表如何在合规要求下做好药品推广工作的操作工具书
三、药企转型			
药企战略·运营与医药产业重构 杜臣 著	医药产业的深度认知与发展趋势结合，战略思考与经营操作相统一	**医药行业大洗牌与药企创新** 林延君 沈斌 著	围绕创新介绍医药行业，介绍近百家医药企业创新实践案例
医药新营销 史立臣 著	从药企最关心的八个方面阐述制药企业、医药商业企业营销模式转型	**医药企业转型升级战略** 史立臣 著	从商业模式转型、管理转型、定位转型、运营模式转型和跨界转型五方面阐述转型
新医改下的医药营销与团队管理 史立臣 著	立足新医改相关政策的解读，为中小医药企业出谋划策	**在中国，医药营销这样做** 段继东 著	时代方略在医药营销领域思想、方法文章的精选合集
四、新医疗			
成为医疗器械领军者 王强 著	中小医疗器械生产企业和代理商怎样转型	**新型诊所经营与创新** 动脉网 著	对新型诊所从标准化管理、经营方式、团队建设、连锁模式四个方面进行解读
医美新风口：颜值经济下的亿万市场 动脉网 著	详细介绍中国医疗美容行业的发展趋势、现状及医美产业链等	**互联网医院：正在发生的医疗新变革** 动脉网 著	介绍互联网医院的建设与运营、管理，发展模式和市场布局，以及发展规律
快消品			
一、快消案例			
中国快消品营销这些年 史贤龙 著	一本书浓缩快消品营销 15 年的实战历程与前沿思考	**这样打造大单品** 迪智成 著	通过 13 个大案例帮助企业梳理打造大单品的路径
你不知道的加多宝 曲宗恺 牛玮娜 著	以时间为轴线，详细叙述了加多宝品牌的发展历程	**娃哈哈区域标杆** 罗宏文 快车君 赵晓萌 寇尚伟 著	娃哈哈豫北市场如何成为娃哈哈全国第一大市场、全国增量第一的市场
六个核桃凭什么从 0 过 100 亿 张学军 著	全视角深度解读养元企业的裂变成长，复盘十年蜕变轨迹	**像六个核桃一样** 王超 著	六个核桃为什么卖得这么好，产品畅销的 6 大要义 36 条简明法则

续表

书名	内容	书名	内容
5小时读懂快消品营销 陈海超　著	20年快消品市场风云洞察解码，丰富的案例解析		
二、快消品区域经理			
快消品营销团队管理 刘雷　伯建新　著	快消品团队管理相关的20余个工具+20余个案例	这样打造快消品区域标杆 罗宏文　牛玉龙　著	分两篇解决如何成功打造标杆市场和进行持续增量管理两大问题
成为优秀的快消品区域经理（升级版） 伯建新　著	作为区域经理的“速成催化器”，升级版增加11篇内容	快消老手都在这样做：区域经理操盘锦囊 方刚　著	一线成长起来的资深快消品营销人“压箱底”绝活
快消品营销人的第一本书 刘雷　伯建新　著	针对一线厂家业务员工作中常遇到的问题给予建议	销售轨迹：一位快消品营销总监的拼搏之路 秦国伟　著	一个普通营销人的故事，16年背井离乡的职场拼搏之路
快消品营销：一位销售经理的工作心得2 蒋军　著	从市场操作、团队管理、传播推广、营销的具体策略和战略等方面提供方法		
三、快消品动销			
动销：产品是如何畅销起来的 余晓雷　著	从怎么被消费者买走和竞争对手是谁这两个原点解决动销问题	动销操盘：节奏掌控与社群时代新战法 朱志明　著	用七个章节阐述关于动销操盘的要诀，节点、节奏、主次、条件匹配性等问题
动销四维：全程辅导与新品上市 高继中　著	从产品、渠道、促销和新品上市四个方面详细讲解提高动销的具体方法	快消品经销商这样做才赚钱 张宇　著	从全新的角度，解读经销商的经营困境，并提供可实操的解决方法
四、快消品渠道			
深度分销 施炜　著	渠道价值链、模式选择、渠道策略与管理、零售经销商管理、最佳实践、团队建设	通路精耕操作全解 周俊　陈小龙　著	对康师傅的制胜法宝通路精耕进行系统的介绍与说明，图表和完善入微的操作方法
酒水饮料快消品餐饮渠道营销手册 朱伟杰　著	对餐饮渠道深入挖掘，建立适合餐饮渠道发展的服务模式和组织保障措施	快消品经销商如何快速做大 杨永华　著	经销商如何通过经营实现规模，通过管理实现规模效益
快消品营销与渠道管理 谭长春　著	解决日常涉及的渠道管理、市场、产品等营销事务	快消品招商的第一本书 刘雷　著	从招商理论到招商动作进行系列化分解，化繁为简
采纳方法：化解渠道冲突 朱玉童　著	21个最新的渠道冲突案例立体地介绍渠道冲突的现象和方法	快消品促销管理与方案：规划 技能 工具 张荣举　著	涵盖促销规划、打法、具体落地执行的细节和终端人员技能及训练，结合线上线下运作，提供全套方法
五、快消品企业战略			
重构：快消品企业重生之道 杨永华　著	从战略、品牌、市场、产品、营销、系统、管理7个方面进行重构	变局下的快消品实战策略 杨永华　著	从5个角度针对快消品企业如何应对行业变局给出答案
新营销 刘春雄　著	让品牌商和渠道商掌握获得独立流量的能力，能够与平台商博弈	采纳方法：破解本土营销8大难题 朱玉童　著	破解困扰营销人的八大难题，给出解决方法
白酒营销培训宝典：复制高业绩 刘孝鞅　著	总结白酒营销人员系统运作市场的要点，转化为易学可复制的动作和工具表单	酒水饮料快消品餐饮渠道营销手册 朱伟杰　著	对餐饮渠道深入挖掘，建立适合餐饮渠道发展的服务模式和组织保障措施

续表

书名	内容	书名	内容
白酒			
书名	内容	书名	内容
白酒营销的第一本书 唐江华　著	多角度阐释白酒一线市场操作的最新模式和方法	**白酒经销商的第一本书** 唐江华　著	对经销商如何选择厂家、合作、运营品牌等问题给出建议
白酒到底如何卖 赵海永　著	多角度阐释白酒一线市场操作的最新模式和方法	**白酒到底如何卖2：从市场培育到动销** 赵海永　著	系统化、标准化、模式化的促成动销的实战操作方式和方法
变局下的白酒企业重构 杨永华　著	白酒企业重构期的营销战略与实操策略6大方法	**酒业转型大时代** 微酒　著	酒水营销、新闻资讯及行业分析、预测的知识宝典
区域型白酒企业营销必胜法则 朱志明　著	以36条法则从战略、营销、推广、产品线、品牌、市场、战术等方面提供方法	**10步成功运作白酒区域市场** 朱志明　著	从市场攻守、产品攻略、新品上市、占领渠道、促销等十个层面阐述
白酒营销1：中小酒企操盘与崛起 徐伟　徐涛　著	深入分析品牌与行业、操作方法，提供营销实操宝典	**白酒营销2：品类创新策略升级** 黑格咨询　著	立足行业现状，建立品类创新、营销模式创新路径，提供市场建设方法、营销策略与工具案例
茶·调味品·油·乳业			
营销中国茶：2小时读懂茶叶营销 史贤龙　著	中国茶营销的“困局”“破局”和“创举”	**中国茶叶营销第一书** 柏龑　著	纵览中国茶叶市场的全局，并且有针对性地提出问题并阐述解决方法
调味品营销第一书 陈小龙　著	15年监控中国市场50个中外著名调味品品牌市场运作、管理等的经验总结	**调味品企业八大必胜法则** 张戟　著	提炼了调味品企业八大规律性的关键成功要素
食用油营销的第一本书 余盛　著	从小包装油行业概述到产品的基本知识，从基本执行动作到品牌整体策划等	**鲁花：一粒花生撬动的粮油帝国** 余盛　著	鲁花如何成长为优秀的带动农业产业发展的品牌
金龙鱼背后的粮油帝国 余盛　著	以金龙鱼为脉的一部中国粮油行业的史诗	**乳业营销的第一本书** 侯军伟　著	区域型乳品企业如何才能稳健发展
调味品经销商公司化运营 张戟　著	调味品和快消品经销商如何从“个体户”到“公司化”，一步步推进的具体方法		
工业品			
一、工业品销售			
大客户销售这样说这样做 陆和平　著	大客户销售活动的十大模块，68个典型销售场景	**销售是个专业活** 陆和平　著	据客户采购流程拆分销售过程十阶段、讲解方法技巧
成为资深的销售经理：B2B工业品 陆和平　著	让销售经理成功把握销售管理6个关键点，并提供工具	**一切为了订单：订单驱动下的工业品营销实践** 唐道明　著	以订单流程的三个环节为主线讲述工业品营销管理新思路
订单是这样拿到的 郑文洲　著	作者近10年销售生涯的回顾，真实销售故事和成功经验分享		
二、工业品营销			
工业品营销管理实务（第4版） 李洪道　著	是信任导向工业品营销体系的深化版、工业品营销管理体系优化咨询的升级版	**工业品企业如何做品牌** 张东利　著	为当下中国制造的品牌化转型提供经过实践证明的理念、方法和体系

续表

书名	内容	书名	内容
工业品市场部实战全指导 杜忠 著	解决职能不清、市场部五大职能如何运作、职业发展路径等具体问题	解决方案营销实战案例 刘祖轲 著	十大工业品作者实操案例解码解决方案营销
资深大客户经理：策略准 执行狠 叶敦明 著	将大客户经理必须具备的规划、策略、执行三种能力运用自如		
三、工业品企业			
变局下的工业品企业7大机遇 叶敦明 著	探索工业品企业成长的新机会，7大战略与战术性机会	两化融合管理体系贯标流程与方法 戴勇 著	融合五十多家企业在两化融合贯标过程的经验，总结重点与举措
丁兴良讲工业4.0 丁兴良 著	多角度阐述中国在工业4.0的机遇和挑战		
建材家居			
一、建材家居门店			
家居建材促销与引流 薛亮 李永锋 著	对泛家居营销执行模式和工具、关键环节等进行汇总	新零售动作分解与实操：建材·家居·家具 盛斌子 著	对泛家居行业趋势、店面管理、团队管理、促销推广、五感营销等提供策略
家具行业操盘手 王献永 著	总结家具终端门店发展的现状及问题并给出策略	手把手教你做专业督导 熊亚柱 著	系统梳理督导的核心技能、岗位职责、工作流程及技能
手把手帮建材家居导购业绩倍增 熊亚柱 著	针对建材家居门店的业务人员、案例故事还原场景，教你成为好导购	10步成为最棒的建材家居门店店长 徐伟泽 著	梳理店长管理的核心工作职责、店面管理规范和帮助销售人员成长
建材家居门店销量提升 贾同领 著	9个板块讲述建材一个单店如何做到经营的良性循环	建材家居门店6力爆破 贾同领 著	产品力、导购力、形象力、推广力、服务力、组织力
二、建材家居经销商			
新经销：新零售时代教你做大商 黄润霖 著	探访近100位经销商在传统营销手法上的创新，传统营销微创新和新营销本地化	建材家居经销商42章经 王庆云 著	经营管理的心法和战法，帮助经销商成为“业务妙手”和“管理能手”
成为最赚钱的家具建材经销商 李治江 著	针对建材家居行业的经销商，从销售模式、产品、门店、市场等方面给出方法		
三、建材家居企业			
定制家居黄金十年 韩锋 翁长华 著	对中国定制家居行业20年发展历程进行深度、系统、专业的解读	建材家居营销：除了促销还能做什么 孙嘉晖 著	探索家居建材行业营销的革命，发现行业“营销天花板”的突破口
建材家居营销实务：新环境、新战法 程绍珊 杨鸿贵 著	针对建材家居市场特点提出以客户价值为基础的整体营销价值链	全屋整装 高利润运营手册 翁长华 陈平 著	十大维度解决实际问题，是0到1极具操作性的整装指南
零售·餐饮·服装·影院·美容院			
新零售进化路径 李政权 著	预先复盘新零售及商业的未来，找到方向	新零售 新终端 迪智成 著	梳理新零售系统打法并落地在新终端建设上

续表

书名	内容	书名	内容
移动互联下的超市升级 联商网 著	超市未来的发展趋势，对社区超市、生鲜、全渠道建设、O2O 等提出观点	**百货零售全渠道营销策略** 陈继展 著	零售行业的竞争重点、行业本质、战略转型、未来趋势、经验和案例
超市卖场定价策略与品类管理 IBMG 集团 著	零售企业的市场拓展与商品定位、商品结构与商品陈列、毛利分析与库存分析	**连锁零售企业招聘与培训破解之道** IBMG 集团 著	围绕零售企业组织架构、培训体系建设等内容进行探讨
总部有多强大，门店就能走多元 IBMG 集团 著	五大方向综合阐述连锁零售企业总部如何提升管理能力	**三四线城市超市如何快速成长：解密甘雨亭** IBMG 集团 著	甘雨亭的许多关键经营指标均高于行业标准，学习其成功的方法
中国首家未来超市：解密安徽乐城 IBMG 集团 著	对乐城超市的掌门人及内部员工的采访详细阐释了乐城的经验	**零售：把客流变成购买力** 丁昀 著	通过大量的实际案例对中国零售业态的升级转型之路提出思考
餐饮新营销 杨勇 程绍珊 著	聚焦餐饮企业转型，系统的餐饮企业营销管理体系	**电影院的下一个黄金十年** 李保煜 著	介绍了中国电影产业的运作模式及电影院的开发、设计思路
餐饮企业经营策略第一书 吴坚 著	阐述餐饮企业产品之道、市场之道、顾客之道及盈利之道	**赚不赚钱靠店长，从懂管理到会经营** 孙彩军 著	注重专卖店的经营思路拓展，门店管理细节方面能力提升
时装买手自学通 范敏娜 编著	从流行趋势调研、商品企划、采购渠道、数据管理到店铺销售等时装买手需要具备的能力与操盘技巧	**美容院/养生馆高盈利经营模式** 陈鹏飞 著	5 步实现店铺高盈利方法与策略
农牧业			
一、农资			
饲料营销有方法 陈石平 著	饲料营销的 7 大核心命题	**农资营销实战全指导** 张博 著	在农资市场行之有效的营销策略和工具
新农资如何弯道超车 刘祖轲 著	农业产业化、互联网转型、行业营销与经营突破		
二、农牧企业			
中国牧场管理实战 黄剑黎 著	对牧场管理标准、管理制度、操作规程做出剖析和指引	**中小农业企业品牌战法** 韩旭 著	农业企业需要全产业链视野，更需要品牌实战方法
变局下的农牧企业 9 大成长策略 彭志雄 著	为农牧企业量身打造了 9 个立足现在、展望未来的成长策略	**农产品营销实战第一书** 胡浪球 著	针对 33 个农产品营销的核心问题提供具体招数
农产品全网营销 吴之 著	帮助全国农业合作社、家庭农场打造农产品品牌		
地产·汽车			
一、地产			
中国城市群房地产投资策略 吕俊博 刘宏 著	挖掘主要城市群的现状特征、发展因子、演化趋势、竞争关系等，给出分析建议	**产业园区/产业地产：规划、招商、实战运营** 阎立忠 著	从认知、规划、招商、运营四方面系统解读产业园区的建设精要和运营技巧
人文商业地产策划 戴欣明 著	“全球化视野（创意）”+“人文+”思维	**产业园区/产业地产 2：系统化经营与操盘攻略** 阎立忠 著	全方位系统解析产业园区运营策略
从零开始打造产业园区 刘晓君 著	全流程，系统化，注重细节，多角度教你打造产业园区		

续表

二、汽车			
书名	内容	书名	内容
商用车经销商运营实战 杜建君　著	对商用车经销商的经营与管理、4S店运营做了全方面的系统总结	**汽车配件这样卖** 俞士耀　著	适合轮胎、机油、维修、快保、美容、洗车等汽车服务业态销售实操办法
润滑油销售：这样说，这样做更有效 张金荣　著	总结润滑油销售面对三大客户常遇到的200余个营销问题解决方法	**润滑油品牌营销** 张金荣　著	没有说教，只有方法，适合小微企业、代工品牌、经销商、营销人阅读
投资理财·收购资本			
交易心理分析 马克·道格拉斯 【美】　著	一语道破赢家的思考方式，并提供了具体的训练方法	**财报背后的投资机会** 蒋豹　著	零基础轻松掌握财务报表的相关知识，快速入门
写给企业家的公司与家庭财务规划 周荣辉　著	以企业的发展周期为主线，介绍各阶段企业与企业主家庭的财务规划	**分股合心** 段磊　周剑　著	围绕股权激励，详细介绍相关知识和实行方法
成功并购300问 浩德并购军师联盟　著	系统学习资本运作和企业并购知识的金融工具书	**并购名著阅读指南** 叶兴平　著	从全球5000多本并购图书中精选200本并进行评价
避开股权合伙这些坑 苏雯静　著	根据创始合伙人、外部合伙人、内部合伙人等方面的实际案例做归纳和梳理	**产业并购操盘手** 张军杰　著	15个案例，11个范本，38个图表，拿来即用
科创板IPO上市全流程指导 丁先云　刘海旭　著	不仅有各项制度的深入剖析，更有各种问题和解决方案的详细论述，配合案例，轻松操作		
阿米巴			
阿米巴经营的中国模式 李志华　著	基于阿米巴经典理念提出了适合中国本土的员工自主经营的“1532”模型	**集团化企业阿米巴实战案例** 初勇钢　著	作者在某酒厂推行阿米巴经营模式的心得
中国式阿米巴落地实践之激活组织 胡八一　著	划分原则、裂变与整合、组织管控、重新定位、巴长竞聘和组阁	**中国式阿米巴落地实践之从交付到交易** 胡八一　著	从6个方面阐述经营会计，从交付到交易是成功实施阿米巴的标志
中国式阿米巴落地实践之持续盈利 胡八一　著	企业做成平台、平台做成阿米巴、阿米巴做成合伙制		
人力资源管理			
一、绩效·薪酬			
回归本源看绩效 孙波　著	从目的和概念帮助企业梳理绩效管理与经营的关系	**走出薪酬管理误区** 全怀周　著	从7个常见的薪酬误区入手为企业提供一套系统解决方法
曹子祥教你做绩效管理 曹子祥　著	作者核心授课课程的还原，掌握绩效管理的核心内容	**曹子祥教你做激励性薪酬设计** 曹子祥　著	作者28年咨询经验总结，如何进行科学的薪酬体系设计
把招聘做到极致 远鸣　著	资深招聘经理多年工作心得的提炼	**把招聘做到极致2：灰度招聘全攻略** 黄渊明　李佳倩　著	从实战需求出发，兼容并包各种优秀的招聘理论、方法、经验与工具，并进行创新性的应用

续表

二、招聘·面试·培训			
书名	**内容**	**书名**	**内容**
把面试做到极致 孟广桥　著	一套实用的确定岗位招聘标准，提升面试官技能方法	**世界500强资深培训经理人教你做培训管理** 陈锐　著	构建培训体系、培训组织、培训文化、开发培训资源，教你做培训管理
人才评价中心漫画版 邢雷　著	用漫画形式写成的人才测评专业书籍		
三、HR高管·劳动法			
经营型HRD 黄渊明　著	总结企业HRD如何支撑企业经营，抓好七件关键事情	**人才供应链：实现高绩效均衡的人才管理模式** 许铨　著	打造人才供应链的四大支柱、十项修炼的完整体系
新任HR高管如何从0到1 新海　著	到互联网创业型企业担任HRVP，从0到1建立较完善的HR体系	**人力资源体系与e－HR信息化建设** 刘书生　陈莹　王美佳　著	6大框架、28个关注点、5大目标、6大优势、166个交付物咨询体系和盘托出
集团化人力资源管理实践 李小勇　著	针对集团型企业人力资源管理的问题提出科学建议	**我的人力资源管理笔记** 张伟　著	第三方咨询视角跳出“技术方法”看人力资源管理
人力资源的5分钟劳动法 李皓楠　著	入职管理、在职管理、离职管理中遇到的劳动法问题及应对	**海外人力资源管理：帮企业成功“走出去”** 黄渊明　著	弥补了中国企业海外人力资源管理实践体系建设的空白，具有开创性意义
从零开始学：胜任力模型建模与应用 林丽萍　著	手把手教你做胜任力建模，并通过大量的企业案例拆解介绍模型在各个方面的落地应用	**上市公司总经理助理工作笔记** 黄娜　著	40个案例，教你从小白助理到资深总助
用好任职资格体系 杨序国　著	以某企业为案例，系统地介绍了企业HR如何通过任职资格体系帮助员工成长		
四、HRBP			
HRBP是这样炼成的之菜鸟起飞 黄渊明　著	作者在初步转型HRBP两年时间里摸索实践的亲身经历与总结	**HRBP是这样炼成的之中级修炼** 黄渊明　著	结合作者亲身从事HRBP的工作经历，总结HRBP的作战故事
HRBP高级修炼 黄渊明　著	故事方式，HRD角度深度呈现运用HRBP的思维、方法		
企业文化			
企业文化落地本土实践 王祥伍　著	华夏基石“知信行”模型描绘企业文化落地路线图	**企业文化的逻辑** 王祥伍　著	从文化起源深刻剖析文化、效率、企业、企业文化联系
企业文化定位·落地一本通 王明胤　著	企业文化理念传播和落地聚焦的17种方法，解读了近100个实战案例	**36个拿来就用的企业文化建设工具** 海融心胜　著	汇集整理了36个通用的企业文化实践工具
企业文化激活沟通 宋杼宸　安琪　著	系统阐述沟通与企业文化的关系，给予企业提升沟通效能的企业文化解决方案	**企业文化建设超级漫画版** 邢雷　著	用漫画形式写成的企业文化建设专业书籍，理论体系和29个具体的操作方法
在组织中绽放自我 朱仁建　著	个人与组织之间的关系，文化对组织化形成的影响	**用企业文化提升经营绩效** 彭剑锋　尚艳玲　主编	企业要想在竞争中利于不败之地，就不能没有能打胜仗的企业文化与领导力
流程管理			
营销·研发·供应链业务架构与流程管理 谭勋晖　著	营销、研发、供应链三大业务流程变革实践经验总结	**打造集成供应链** 王春强　著	第一用力在“集成”上，梳理内外部相关模块及其依赖关系
人人都要懂流程 金国华　余雅丽　著	50幅流程管理漫画，内部对流程价值理念的高度共识	**用流程解放管理者** 张国祥　著	8个板块构成，共66篇文章，14幅流程管理图
用流程解放管理者2 张国祥　著	对中小企业规范化流程管理进行系统的阐述	**跟我们学建流程体系** 陈立云　罗均丽　著	在《跟我们做流程管理》的基础上丰富了标杆实践案例

续表

质量管理			
书名	内容	书名	内容
16949质量管理体系落地与全套文件汇编 谭洪华　著	对IATF16949每个条款讲解采用理解、作用、落地、模板、成功案例模块解析	**ISO9001：2015制造业文件模板全集** 贺红喜　著	五篇内容组成的完整的质量管理体系工具文件
精益质量管理实战工具 贺小林　著	四个方面对精益质量管理进行了全方位介绍和解读，并提供大量的方法工具	**五大质量工具详解及运用案例** 谭洪华　著	APQP、FMEA、MSA、SPC、PPAP五大质量工具的具体运用
IATF16949质量管理体系详解与案例文件汇编 谭洪华　著	针对IATF16949的标准原文做详细解说，同时提供大量的表单案例	**SA8000：2014社会责任体系认证实战** 吕林　著	将SA8000多版本及10多年的体系实战经验汇编成书
ISO9001：2015新版质量管理体系解读与案例文件汇编 谭洪华　著	对ISO9001：2015新版标准理解和运用操作进行详细解读	**ISO14001：2015新版环境管理体系解读与案例文件汇编** 谭洪华　著	ISO14001：2015改版后的差别和操作运用进行详细讲解
我在世界500强做供应商质量管理 宋华　著	分享汽车行业成熟的供应商质量管理体系和方法，都是作者的亲身经历	**ISO45001职业健康安全管理体系落地+全套案例文件** 谭洪华　著	每个条款清晰讲解，内容完全落地，轻松运用
五大质量工具之FMEA（2019第五版）详解及运用落地 谭洪华　著	对2019年6月修订的第五版FMEA标准进行详解，提供落地操作方法和全部案例文件，可直接套用		
精益生产			
一、精益·JIT·IE			
精益思维：超越对手的力量 刘承元　著	以尊重人性的精益思想为切入点，分别从管理者的精益理念、精益思维、精益实践、精益中国制造等方面进行独到的分析	**比日本工厂更高效** 刘承元　著	管理提升无极限+超强经营力+精益改善里的成功实践
计划与物流精益改善之道 于晓光　著	围绕“计划与物流战略咨询的方法论”进行解析，提供方法论和案例	**300张现场图看懂精益5S** 乐涛　著	通过日本丰田、上市企业案例，用300张现场图系统讲解5S管理
3A顾问精益实践1：IE与效率提升 党新民　苏迎斌 蓝旭日　著	系统、全面地介绍IE工厂管理技术，提高效率创造价值	**3A顾问精益实践2：JIT与精益改善** 肖智军　党新民　著	系统、全面地介绍JIT生产方式，并加入实践案例
高员工流失率下的精益生产 余伟辉　著	从三方面论述推行精益管理时如何应对员工流失	**让员工爱上6S管理** 肖智军　著	提供了众多企业的原版资料、案例，还汇集了一些企业骨干的推行感想、感悟及反思
200张图表学精益管理：IE工厂效率提升方法 刘秀堂　著	IE工程师视角，全是一线经验。精益落地的实操方法，大量图表工具让你上手就能做		
二、生产管理			
化工企业工艺安全管理实操 黄娜　著	围绕化工工艺安全14要素来展开分析	**手把手教你做专业生产经理** 黄娜　著	生产经理如何在信息流、物流、资金流三大流中开展工作

续表

书名	内容	书名	内容
欧博心法：好工厂　靠管理 曾伟　著	从管人篇和管事篇帮助读者解决人难管、事难控	**欧博工厂案例 1：生产计划管控对话录** 曾伟　曾子豪　著	工厂管理生产计划管控模块的 8 个全景细节大案例
欧博工厂案例 2：品质技术改善对话录 曾伟　曾子豪　著	工厂管理品质、技术、效率管理模块的 10 个全景细节大案例	**欧博工厂案例 3：员工执行力提升对话录** 曾伟　曾子豪　著	工厂管理人员管控模块的 5 个全景细节大案例
工厂管理实战工具 曾伟　著	中国传统文化指导下的工厂管理工具	**制造业成本倍减 42 法** 王天江　著	42 种经过实际验证有效的成本降低方法，用 61 个真实案例说明
制造企业上 10 亿其实并不难 杨小林　著	年产值 1 亿～10 亿元中小制造企业在工厂经营和管理上的业务指导		
三、班组长			
全能型班组：城市能源互联网与电力班组升级 国网天津电力公司　著	从互联网时期的班组转型升级出发，对新型班组组织模式和运行机制进行设想	**国网天津电力全能型班组建设实务** 国网天津电力公司　著	聚焦天津电力公司在探索全能型班组转型升级时的优秀实践
	咨询·培训师		
培训师事业长青之道 廖信琳　著	培训师自我管理的“洋葱模型”、十项内容与五个层级	**管理咨询师的第一本书** 熊亚柱　著	深度剖析初级入行咨询师在工作中遇到的问题
资深管理咨询顾问工作心得 张国祥　著	使用手册讲述咨询师如何操作项目、老板如何选择咨询师、企业如何自主落地	**手把手教你做顶尖企业内训师** 熊亚柱　著	从开、控、收、编、制、用的角度去履行培训师的职责
TTT 培训师精进三部曲上 廖信林　著	手把手教你“深度改善现场培训效果”的一招一式	**TTT 培训师精进三部曲中** 廖信林　著	建构一整套培训课程设计与开发的认知架构和方法体系
TTT 培训师精进三部曲下 廖信林　著	通过“沉淀职业功力的六度模型”，帮助培训师在职业技能上持续精进		
	产品·研发		
研发体系改进之道 靖爽　陈年根 马鸣明　著	取材数十家企业研发改进的咨询实践，提炼一套实操的改进步骤与工具	**新产品开发管理，就用 IPD（升级版）** 郭富才　著	把产品经营的思想凝结在新产品开发管理机制中，升级版更丰富
产品开发管理：方法·流程·工具 任彭枞　著	结合超过 300 家企业的实际研发管理方法，总结问题和方法，大量表格	**资深项目经理这样做新产品开发管理** 秦海林　著	采用过程管理方法，对新产品开发的四大过程进行分析，主要针对小电器产品
产品炼金术Ⅰ：如何打造畅销产品 史贤龙　著	打造畅销产品的四个方法	**产品炼金术Ⅱ：如何用产品驱动企业成长** 史贤龙　著	从经营者视角重新认识产品，快速诊断产品现状
快消品产品开发方法：打造快消爆品 张荣举　著	提供整套实战性的思维、方法、技能和工具，直接带有表格及公式，一看就能上手		